知らないうちに
メンタルが強くなっている!

吉井雅之

三笠書房

〈はじめに〉

もう、簡単に折れない――面白いように心は強くなる！

「心が折れる」ようなことが、なにかと起きがちな今日このごろです。

私は、そんな「折れやすい心」を強くするお手伝いを、これまで5万人の方々へ行なってきました。

今や、心が折れやすいのは特別なことではありません。

たとえば、スポーツの世界だってそうです。

「強い選手は、身体も心も強い」と思っていたものですが、**超一流の選手だって、自分は心が強くない、と自ら告白する時代になっている**のです。

私自身、20代後半のころは、仕事も何もかもうまくいかず、心がポッキリ折れまくっていたものでした。

はじめまして。吉井雅之（まさし）と申します。

かつて私は、「野球」で会社に就職するも、野球を辞めた27歳で会社も退職し、その後さまざまな自営などをやってみましたが、ことごとく失敗していました。

壁にぶつかるたびに気持ちが弱ったり、心が折れたり……。

（どうしたら、こんなに折れずにすむのだろうか？）

ワラにもすがる思いで、さまざまなセミナーなどに参加してみました。

そこで気づいたのは、自分は「メンタルの生活習慣病」にかかっているのではないか、ということでした。

ご存じのように、生活習慣病とは、偏（かたよ）った食生活や運動不足、不規則な暮らしなど、体によくない生活習慣を続けていることによって、肥満や高血圧などという形に現われてしまうことです。

同じように、

（また、ダメかも……）（何をやっても続かない……）（なんで、思ったようにいかないんだ……）というようなことばかり考えていては、メンタルが「生活習慣病」になるのも当然でしょう。

ならば、食事や運動、暮らし方を変えて生活習慣病を治すように、**メンタルの生活習慣病を治せばいい**と思ったのです。

そのために、具体的に何をしたらいいのか。

さまざまなことにトライしてみました。

たとえば、外出するのでも、いつもと同じルートを行くのではなく、あえて「迷子」になってみて、ドキドキ感を味わったり……ちょっとしたことですが、なにかと凝り固まっていた自分がやわらかく、しなやかになって、なんだか街の空気さえ、おいしく感じるようになってきたのです。

そんな試行錯誤の中で、新鮮で気持ちのいい刺激になったものをプログラム化し、今、「シンプルタスク」という会社で、多くの方々の「メンタルの生活習慣病」を治すお手伝いをしています。

これからお話しする方法は、これまで「メンタルトレーニング」といわれているものとは大いに違います。

一例を挙げれば、

★人と待ち合わせの約束をすることは、自分とも約束をしているのだからすごいこと！

など。「人との待ち合わせ」は誰でも当たり前にしていることです。

でも、よく考えてみてください。

そこには、「互いに待ち合わせ場所に行く」という信頼関係が相手とできていて、なおかつ、「互いの時間を合わせることをそれぞれが自分に誓っている」から、待ち合わせが成立しているのです。

「必ずやるぞ」「絶対行くぞ」という強い気持ちがなかったら、そんな約束はできません。

そんな、今まで無意識でやっていた自分の力を再発見するプログラムに取り組むだけで、メンタルは目に見えるように強くなっていきます。

特別なトレーニングは積まなくても、自分の「メンタル力」を見直すだけで、毎日はもっと楽しくなることをお約束します。

吉井　雅之

もくじ

はじめに……もう、簡単に折れない――面白いように心は強くなる！　3

1章 ちょっとしたことくらいで揺るがない、ぶれない自分に

――ポイントは「口グセ、行動グセ、考えグセ」

誰でも「メンタルを強く」できる　16
こんな「頭でっかち」に陥っていないか　18
「入口付近」で行ったり来たりしないために　20
グラついてしまうのはなぜ？　22
「勝つ自分」と「負ける自分」　23

うまくいく→自信につながる→メンタルが強くなる 26
無意識のうちに動かされていた自分 28
始まりはここから
① 何をやる？ いつやめる？ 32
② 本気の本気 37
③ 冒険してみる 40
④ 今、ここに集中 44
⑤ 人とのかかわり 48
⑥ 行動に表わしてみる 52
「変えられる」ことから変えればいい 54
始めるタイミングはいつ？ 55

2章

この「しくみ」でびっくりするほど変わり出す！

——何から始める？　どう続ける？

続けられさえすれば…… 58
「無意識でできる」ようになればしめたもの 60
〈事例〉「寝る前の5分間」を変えてみたら（Mさん・40代） 62
「やらないと気持ち悪い」という感覚に 63
新しいチャレンジ4つのルール 66
ルール1「勇気を投資する」 67
ルール2「腹の中を吐き出す」 68
ルール3「時間厳守」と「数字厳守」 70
ルール4「因果の『因』を見る」 72

「言い訳」は事前に言っておく 74
思いつく限り、たくさん 76
「言い訳リスト」のすごい効果 79
いまだについ口にしてしまう私の「言い訳ベスト3」 81
自分の「やり切った姿」をイメージする 83
「利益」と「可能性」を両取り！ 85
「何をやるか」を考えるにあたって 86
こんな「小さなこと」だって大きな意味がある 89
〈事例〉仕事の目標も結婚もゲットした（Yさん・30代） 91
彼女のお父さんもこれにはニッコリ 94
〈事例〉退職して途方に暮れていた（私・当時27歳） 96
アルバイト先からもらったチャンス 98
〈事例〉「続けること」で自信が生まれる（私・当時33歳） 100
自分でも信じられないことが起きた！ 102

自信がどんどんついてくる「4ステップ」 106

3章

心の図太さ、しなやかさはこんな小さな「21のきっかけ」から！

——「ハードル」のままか、「踏み台」にするか

「習慣の差」が毎日を変える 114
きっかけ1 「三日坊主」は悪くない 116
2 「ポイントカード方式」を利用する 120
3 「やめる理由」を考え始めてしまったら 122
4 「困ったこと」が起きたら 126
5 人の批判を受けたとき 130
6 意識的に「迷子」になってみる 132

7 ときには不真面目もアリ 135
8 「うまくいっていること」に気づく 138
9 「いいイメージ」を先取り 140
10 「受け入れ上手」になってみる 142
11 「過信」しそうになったら 144
12 「過小評価」しないために 146
13 余計なことが頭の中を駆け巡ったら 149
14 「限られた時間」に対して 152
15 思うような睡眠が取れないとき 155
16 「黄金の時間」を活かす 158
17 朝一番で「心のエンジン」に点火する 162
18 自分の価値を認識する 164
19 「無防備な自分の顔」を知る 168
20 不安と折り合いをつける儀式 170

21「バカなカエル」を思い描く 172

付章 90日たったら、その強さは〈習慣〉になっている
——「いろいろある毎日」へのひと言メッセージ

このチャレンジで「揺るぎない自信」を手に入れる 176

おわりに……人生は何度でも「出直し」できる 203

本文イラストレーション 高田真弓
編集協力 西沢泰生

1章

ちょっとしたことくらいで揺るがない、ぶれない自分に

――ポイントは「口グセ、行動グセ、考えグセ」

誰でも「メンタルを強く」できる

「メンタルを強くする」！

この言葉を聞いて、どんなことを想像したでしょうか？

なにしろ精神的なものですから……。

滝に打たれたり、熱い火の上を「エイヤー！」って気合いを入れて裸足(はだし)で歩いたり、高い崖(がけ)から下を覗(のぞ)いたり……。

そんな苦行を思い浮かべたかもしれませんね。

大丈夫です。安心してください。

メンタルを強くする方法は至ってシンプルです。

まず、日々の生活の中で、**「毎日やること」を決めるだけ。それをただくり返すことで、何も意識しないでできるようにすること。**

そういう体験を通じて、**「自分はできるんだ!」を得ていく。**

そうすることで、自分自身の「心のあり方」は変わっていきます。

いってしまえば、それだけです。

どうです。簡単そうに聞こえませんか。

「いや、実際にやるのは大変そう」ですって? なかなか鋭い!

そう。これは、一見単純で簡単そうですが、人によってはけっこう大変なのです。

では、どんなタイプの人が苦労するのでしょうか。

こんな「頭でっかち」に陥っていないか

メンタルを強くする上で苦労するタイプ。

それは、ふだんから、「成功とは……」「達成とは……」「夢をつかむとは……」と頭で考えて、勉強して、理論武装して、頭でっかちになってしまっているタイプの人です。

いわば、**「知識だけはもっている人」は苦労します。**

「知識」というのは、情報を頭の中に入れ込んだだけのもの。いくら知識だけがあっても行動しなければ「宝のもち腐(ぐさ)れ」です。

それに対して、大切なのは「知識」よりも「知恵」。

「知識」は「知っていること」、一方、「知恵」は「知っていることを行動に移して処理できること」です。

知識だけが豊富な人は、せっかくの知識を知恵として活かせません。人によっては、活かしたフリをしているだけのこともあります。

知識を知恵として使わずに、ずっと、「こんなはずじゃない」とか「私は、ちゃんとやっている」などと言い続けてしまう。

挙句(あげく)の果てに、「会社が」「上司が」「家族が」「パートナーが」などと、何かのせいにしてしまう。

もし、「簡単にいくわけないでしょ」って言う人がいたら、私は、これまでかかわった多くの方々の例から見て「はい、簡単にはいきません」って即答します。

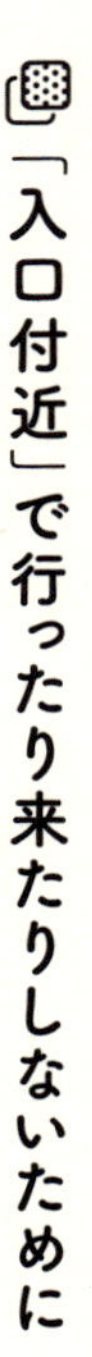

「入口付近」で行ったり来たりしないために

世の中には、啓発書という部類の本が無数にあります。
それこそ、1000人の成功者がいたら、1000通りのやり方があるように思えてしまうほどです。

この本を手にしてくださった方は、たぶん、何冊かはすでに読んでいらっしゃることでしょう。

それらを読んでみての結果は、いかがでしたか？

実際、成功者が語る法則は、どれも、極めればうまくいくはずのものです。
それなのに、どうしてそうならないかというと、答えはひとつ。
そう。**「習慣化できていないから」**です。
本を読んだり、セミナーを受けたりした直後は誰もが「素晴らしい！」「いいことを知った」と思うのに、実際にすぐ行動に移す人はとても少ない。行動に移したとしても、ほんの数日、長くても1週間くらいやったところで、こんなふうに思うのです。

「このやり方は、自分には向いていないかも……」

そして、**「自分には、もっと合ったやり方があるに違いない」**と勝手に解釈をして、また違うやり方に向かおうとしてしまう……。

そんな、「メンタルを強くする」入口付近で行ったり来たりする悪循環は、そろそろやめにしませんか？

グラついてしまうのはなぜ？

これから、**「メンタルを強くするための具体的な方法」**についてお話をします。が、その前に……。

これから言うことを肝に銘じてください！

「肝に銘じる」という表現が強いなら、「腑に落とす」でもかまいません。とにかく、自分がピンとくる表現や形でいいので、しっかりと心にとめてください。

では、とても大切なことを言いますね。

「自分がメンタルを強くできるかどうかは、すべて自分自身の『選択』にかかっています」

未来の自分はすべて、これからの自分の「選択」しだい。

つまり、今の自分は、すべて「自分自身が過去に選んできた数々の選択の結果」だということです。

ちょっと過去を振り返ってみるだけでも、「あのときにあっちの選択をしていたら、今頃は○○だったのに！」という「運命の選択」がありませんでしたか？

「あそこで選択を変えていれば、状況は、今とまったく違っていたはず……」

生きていく中には、そんなふうに思える選択がいくつもあったはずです。

「勝つ自分」と「負ける自分」

過去に何を選択したのかを考えたとき、もしや、こう思いませんでしたか？

「あのときは、あの上司のせいで……」

「あのときは、相談相手から止められたから……」

いやいや、いかなる場合でも、最後の最後に決めたのは自分のはずです。

誰に何を言われても、それを受け入れたのは自分ですよね。

えっ？「この人と結婚しなければ」ですって？

それこそ、その相手を選んだのは自分ではありませんか。

これからは、こう考えたらどうでしょう。

「自分のまわりで起こっている現象の原因は、すべて自分にある」

自分がすべての原因であり、源（みなもと）であり、根源であると――それが念頭に置ければ、メンタルの強さは必ず手に入ります。


先ほど、「現在の自分は、すべて『自分自身が過去に選んできた数々の選択の結果』」とお伝えしました。

「幸せになりたい」という思いはあっても、すべて「うまくいくほう」を選べる人はいないと思います。しかし、人生におけるさまざまなことが「うまくいく人」と、「うまくいかない人」がいるのも事実。

その違いは、どこからくるのでしょう？

それは、誰の心の中にも存在するふたりの自分——**「勝つ自分」と「負ける自分」の、どちらに重きを置いているかが決め手**になっているのです。

メンタルを強くするためには、「勝つ自分」が「勝つためのパターン」を身につける必要があります。つまり、ここぞというときに、こうすれば自分は勝てるという、「勝つしくみ」をもてばいいのです！

この「勝つしくみ」をもてれば、人生の選択のたびに悩む必要がなくなります。

そのしくみを一緒につくっていきましょう。

うまくいく→自信につながる→メンタルが強くなる

「メンタルを強くする方法」のお話の前に、ちょっと逆説的なお話をさせてください。

この本の「はじめに」で、「本書は、メンタルの生活習慣病を治すための本」だとお伝えしましたよね。

この「メンタルの生活習慣病」とは、読んで字のごとく、メンタル……つまり、精神的なもので、生きてきた中で知らず知らずのうちに身についてしまった習慣がその原因です。

ここで誤解を恐れずに言います。

もし、

「何をやってもうまくいかない」

「チャレンジするけど続かない」

「自分だけうまくいかない」

と、考えることがあるという人は、日ごろから、「うまくいかないように」「続かないように」「自分だけ失敗するように」行動を取ってしまっているのです。

「そんなわけないでしょ」って思いますよね。

実は、そこがポイントなんです。

結果としてうまくいかないということは、やはり、そうなるように無意識に行動してしまっているのです。

その「無意識の行動」を変えられるかどうかが、最大のポイントなのです。

無意識のうちに動かされていた自分

ここで、人間の「無意識」についての話です。

人間の意識には「潜在意識」と「顕在意識」があります。

「潜在意識」とは、過去の経験などによって、知らず知らずのうちに蓄積された価値観、習慣、思い込みなどから形成された、自覚されていない意識のこと。

「顕在意識」は、逆に、自分で明瞭に自覚できている意識のことです。


世の中に心理学の本はたくさんありますが、意外なことに、「心の構造は、こうだ！」と断定しているものを、(少なくとも私は) 見たことがありません。

そこで、ここで断言してしまいましょう。

心とは、ズバリ、「無意識(潜在意識)によってつくられている」のです。

表現を変えれば、「心は無意識に宿る！」でしょうか。

ちょっと難しくなりますが、スイスの精神医学者で、分析心理学の創始者と呼ばれるユングによれば、この「無意識」は、「普遍的無意識」と「個人的無意識」に分けることができるとのこと。

「普遍的無意識」というのは、生物としての記憶が収まっている遺伝的意識です。

この「普遍的無意識」は、「普遍的」と呼ぶだけあって簡単には変えることはできません。ここを変えるには、それこそ、催眠療法などの話になってしまいますので、この本では取り上げません。「普遍的無意識」の話はこれでおしまい。

一方の「個人的無意識」は、名前のとおり「個人的」。

つまり、人によって異なる「無意識」。今まで、その人が歩んできた人生、置かれてきた環境の中で、反復して培（つちか）われてきたもの。

つまり、遺伝的なものではなく、後天的（こうてんてき）なものです。

そうです。「後天的なもの」なので、ここは変えることが可能なのです。

ちなみに、なんと私たちの**「意識」全体の90％は潜在意識**だといわれています。

つまり、自分で意識できる「顕在意識」が占める割合はたったの10％ということ。

その10％の中で、どんなに「成功したい」「心を強くもちたい」と意識しても、残りの90％を占める「潜在意識」の中で、「うまくいかない」と考えていたら、うまくいくものもうまくいかない……というわけですね。


私がこの本でお伝えする**「メンタルの生活習慣」を変える**とは、この、意識の90％を占める無意識の領域を変えるということ。

といっても、難しいことではありません。変える行動をくり返し反復し、「行動を習慣化」することで、無意識の領域も変わっていくのです。

そうすることで、**「うまくいく→自信につながる→メンタルが強くなる」**という道すじが自分の中に確立されていきます。


では、次から「メンタルを強くする方法」を手に入れるために事前に知っておきたいことを6つ挙げていきます。

いわば、「ここから始めていけばいい」という入口のようなもの。

どんなトレーニングをするにも、それぞれ効果的なトレーニングウェアがありますよね。

「メンタルを強くするトレーニング」にぴったりのウェアに着替えておきましょう。

始まりはここから1

何をやる？　いつやめる？

「メンタルが強くなるための入口」、その1つ目。それは……。

①明確なビジョンと目標設定

この本を手にしている方なら、このフレーズ、「明確なビジョンと目標設定」と聞くと、「はいはい、そんなの知ってますよ。耳にタコです」って思われたかもしれませんね。

ただ、ここで聞きたい。

では、やっていますか？

たとえ知っていたとしても、ちゃんとやっている人はほとんどいないと思うのですが、いかがでしょう。

この「明確なビジョンと目標を設定する」ということを、かみ砕いていえば、**「どれだけのことを、いつまでにやるか？」を決める**ということです。

このとき要注意なのは、自分の中にいる「もうひとりの自分」が、すぐに「決めたフリをしてしまう」ということ。

すぐにあきらめることがお得意な、もうひとりの自分の「ニセモノの決意」にだまされないでください。心の底から、やりとげる決意をすることが大切です。

到達点について

ここまでわかった上で、まずは「到達点」について。

到達点は、自分自身が**「いったい自分はどうなりたいのか？」「何をやりとげたいのか？」「何をつくり出したいのか？」**が見えていなければ、決めようがありません。

たとえば、漠然と、「北へ行こう」と思うのと、「北極へ行こう」と決意するのでは、準備がまるで違いますよね。「なんとなく」では、北極へ行くことはできません。

到達点がどんなところか。到達するためには何が必要か。到達したとき、自分はどうなっているか。そんなことまでイメージして、すべてのエネルギーを注ぎ込む。そのために、しっかりと「到達点」を見定めることが大切です。

そう考えてみたとき——。

会社にお勤めの方、何のために、今、その会社にお勤めなんですか？

経営者の方、何のために、今、その会社を経営されているのですか？

自営業の方、何のために、今、そのお仕事を選んでいるのですか？

そのあたりが、ちゃんと見えているでしょうか？

「先が見えない今の世の中、日々の生活を送るだけで必死」ですって？ 先が見えないからこそ、「何のために」という軸が必要なのです。

期限について

「期限」というと、普通は「いついつまでに、○○をする」というふうに考えると思います。でも、ここでは、ちょっと違います。

期限を決めるとは、「やめる日を決める」ということ。

たとえば、今、自分が携(たずさ)わっている仕事について。その仕事、一生続けられる仕事でしょうか？

「一生の仕事だと思って頑張っています」という気持ちの問題ではなく、実際には、いつかはやめる日がくるはずなのではありませんか。

ちょっといじわるな言い方をすると、「『いつまでもできる』と思っているからこそ、『いつまでも本気でやらない』自分がいませんか？」ということ。

それを自問自答してほしいのです。

そして、1年後でも2年後でもいいので、「やめる日」を決めてほしいのです。

ここで重要なことは、その決めた日までは何があっても、どんなことが起こってもやめないということ。

すなわち**「やめる日」とは、逆にいえば、「それまでは、とことんやる日」**ということです。

そして、実際にその日になったら……。なにも、実際にその日にぴったりやめる必要はありません。

その前日にでも、お酒の好きな人はお酒を飲みながら、ハーブティーで心安らぐ人ならハーブティーを楽しみながら、「この期間、自分はどうだったかな」って考えてみる。

考えた上で、「やり切った」と思って、新しいことにチャレンジするもよし、「まだまだだ」と思って、もう1年やるもよし。自分で心にけじめをつければいいのです。それが「期限を決める」ということです。

人生は一回きり。しっかり「到達点」と「期限（やめる日）」を設定することが、自信がついてメンタルが強くなる第一歩になります。

始まりはここから2

本気の本気

「メンタルが強くなるための入口」、２つ目。それは……。

②本気の本気で「やる」と決める！

この「本気」って、なにも額(ひたい)にハチマキをして目を血走らせて頑張るって、昔の受験生のようなことではありません。

では、どういう意味かというと、**「本気のフリ」ではなく、「本気の本気」**になる、ということです。

本気の本気というのは、言い換えれば「自分に対して誠実に生きる」こと。

えっ？「私は誠実に生きています」ですって？

本当に心からそう言い切れますか？

自分に対してウソをついてしまうこと、ありませんか？

ここでの「誠実」とは、どんな状況になろうとも、自分自身の決意を見つめ続けるということ。感情的に判断するのではなくて、自分自身の本質に対して素直に生きるという意味です。

やる気の足を引っ張る「お試し君」

たぶん、誰にも経験があると思います。何かを始めると、必ずといっていいほどハードルや抵抗勢力が現われますよね。

それらを乗り越えなければいけないとわかっていても、現実にハードルが立ちはだかっていると、妥協してしまうのが人間というもの。

この**やっかいなハードルたちを、私は「お試し君」と呼んでいます。**

この「お試し君」という存在、覚えておいてくださいね。

心の中に現われる「お試し君」の総元締め（そうもとじめ）は、実は、もうひとりの自分で、自分が「やる」と決意をすればするほど、言葉巧みに自分の本心を試してきます。

「本当にやるの？　できると思ってるの？」

「頑張ったんだからもうやめれば？」

「頑張らなくても生きていけるよ」

こうした自分の心の中の「お試し君」が現われると、つい、「本当はたいしてやりたくなかったんです」「そこまで真剣に決めてなかったし……」「あそこまでして、やりたいとは思わない」なんていって決心から逃げてしまうのです。

もう一度言います。

「誠実」とは、どんな状況でも、自分自身の決意を見つめ続けること。感情的に判断するのではなくて、自分自身の本質に対して素直に生きるという意味。

そして、この「誠実」こそが「本気」ということです。

始まりはここから 3

冒険してみる

「メンタルが強くなるための入口」、3つ目。それは……。

③冒険する＝自分自身の制限を打ち破る

目標に向かって、たいして行動をしていないうちから、「こんな目標、達成できるわけない」とか「ハードルが高過ぎる」とか、文句を言う人がいます。

会社の営業ノルマとか、他人が決めた目標に文句をつけるのならまだわかります。でも、そうではなく、自分が設定した目標に対しても、すぐに心の中で文句やグチを言い出す人が多い。私から見ると、「自分で決めた目標なのにどうして？」と思ってしまいます。

そもそも**実際にやり切る前に、「できっこない」「無理」と早々にあきらめるのは、自分の中の弱い心が勝手につくり上げた「制限」**でしかありません。

世界史の偉人・新大陸の発見者コロンブスが、「新大陸にたどり着くまでずっと航海を続けるなんて、絶対に無理！」と、心に制限をつくっていたら、航海の成功はなく、後悔だけが残ったでしょう（おやじギャグ失礼！）。

今の時代なら、海を渡ることは冒険でもなんでもありません。新大陸どころか、宇宙に行くのも冒険ではなくなっています。しかし、コロンブスの時代の航海は、生きて帰れないことも多かった――まさに冒険でした。その冒険に挑み、成功すると信じてやり切ったから、コロンブスはやりとげた。

うまくいく人といかない人、メンタルが強い人と弱い人の違いの根っこはここかもしれません。

これが「成長」の手応えだ

成長したいという意欲をもっている人は、現状にとどまらず、たとえ、自分には難しく見えることであっても、積極果敢（かかん）に挑戦していきます。

逆に、うまくいかない人、メンタルが弱い人、成長しない人は、自分の現状に満足し（あるいは、満足したフリをし）、新しい目標に挑戦する意欲がありません。

誤解を恐れずにいえば、会社勤めという仕事は、そういう「挑戦しない病」にかかりやすい仕事といえるかもしれません。

「会社員だって、いろいろノルマがあって大変なんですけど」

そんな声が聞こえてきそうです。でも、あえて言います。ノルマに届かなくても命まで取られないし、会社がすぐに傾（かたむ）くこともありませんよね。「今月も精一杯頑張ったのですが……」「また来月、頑張ります」って報告をすればなんとかなる。100%の力を出せない日があっても、毎月お給料がいただける。

そういう状態では、自分自身が本気にならないと、なかなか「挑戦する気」にはなりにくいでしょう。

ですから、自分の心の中にある制限を打ち破り、自分の成長につながり、メンタルを強くしてくれる「冒険」は、自分自身がやる気になる必要があるのです。

一日一日が大切な時間です。日々、意欲をもって冒険することが大切です。

自分が勝手につくっていた制限の突破は、必ず新しい可能性を開きます。

「成長」＝「枠の突破」なのです。

始まりはここから4

今、ここに集中

「メンタルが強くなるための入口」、4つ目は……。

④ 一瞬一瞬を大切に生きる

私たちの心は、しょっちゅう時間の壁を越えて、過去のことを考えたり、未来のことを夢見たりします。

もちろん、人生の中で、過去を振り返ったり、未来を考えたりする時間は必要ですし大事です。しかし、**打ち込むべきなのは、100%、今、この瞬間。**

過去の失敗を引きずったり、「うまくいかないのでは」と未来を不安がったりするのではなく、まさに今、心と体を集中させることが大切なのです。

たとえば、週末に友だちと旅行に行くことになっている週のお仕事中。「週末の旅行」という「未来」のことが気になって、なんとなくうわの空。旅行に行ったらあの店で名物料理を食べて、あそこでインスタ用の写真を撮って、お土産はあれを買って……と、どうも仕事に集中できない。

そして、結局、仕事が溜まったまま週末に。旅行に出かけても、最初のうちは楽しかったけれど、日曜日のお昼くらいになると、今度はだんだんと、「明日の仕事」という「未来」のことが気になってくる。ずいぶん仕事を残してしまったから、月曜日からキツいな。あーあ、会社に行きたくない……。

これでは、仕事の効率も落ちているし、せっかくの旅行も十分に楽しめません。

これは「未来」を気にして、仕事中という「今」に集中できなかったという例です。どうですか？　これではうまくいくものも、うまくいくはずがありませんよね。

逆に、未来が不安で今に集中できないこともあります。

たとえば、ピアノの発表会とか、大切なプレゼンとか。

そういうことの前は、「失敗するんじゃないか」って、未来が不安になって、「今」に集中できなくなることがあります。

「参加」しているだけでは意味がない

私のセミナーの参加者にも、「今、ここ」に集中できず、心ここにあらずという方がたまにいます。

まあ身体はセミナー会場に来ているから、物理的には「ここにいる」けれど、心は「今ここにいない」ので、私の話は右から左へ素通り。頭の中では、せっせと週末の遊びや別のことを考えています。

そういう人は、上司から言われて義務的にセミナーに参加しただけで、セミナーで何かをつかんで帰ろうなど、ぜんぜん考えていないのです。とても、もったいない話です。

あっ、私のセミナーを聞くとか聞かないとかそこが問題なのではありませんよ。

何よりも大切な「今」という時間をムダにしてしまっていることがもったいないのです。

メンタルを強くするためには、「今、ここ」に集中することが大切！

それが、一瞬一瞬を大切に生きることにつながります。

始まりはここから5

人とのかかわり

「メンタルが強くなるための入口」、5つ目は……。

⑤人と「かかわる」

人は誰も、ひとりでは生きていけません。

「人間は社会的な動物である」という言葉を聞いたことはありませんか？

私は、人間が「社会」を形成することができた基盤になっているのは「言葉」だと思っています。「言葉」を使って高度なコミュニケーションをすることができきたので、人間は地球環境や外敵と戦いながらもなんとか生き残り、社会を形成することが可能だったのだと。

ところが、この言葉というものは、ちょっとやっかいなところもあって、相手を傷つけることもある。人は、他人の言葉で強くなれる反面、他人の言葉によって落ち込むことも多い。

ですから、人によっては、他人の言葉に傷つき、批判を恐れて行動することをやめてしまうのですね。

でも、考えてみてください。

人との「かかわり」がなければ、成長も進歩も止まってしまいます。

人は、**自分のやりたいことを考えて、目標を立てて、自ら一歩を踏み出す前向きな人とかかわることによって、喜びや、その向こうにある幸せを手に入れることができる**のです。

ですから、本当に自分が正しいと思って、やりたいと思ったことは、まわりに遠慮することなく、どんどん口に出して実践していくことが大切です。

一歩を踏み出そうとする足を引っ張る他人の言葉なんて、所詮（しょせん）は他人の言葉です。それが貴重なアドバイスだというのなら参考にするべきですが、そうでないなら、気にとめず前進あるのみです。

「カギになる人」は？

ただし、人はひとりでは生きていけません。助け合いは大いにけっこう。困ったとき、わからないときは、どんどん人に頼ることが大切です。

もちろん、相手が頼ってきたときは助けてあげる。

私は、「助け合い」とは、自分の目先の利益のために相手に手を貸すとか、そんな小手先のことではなく、相手にとって、今、何がもっとも必要かを考え、いっさいの見返りを期待せず、真剣にかかわることだと考えています。

「助け合い」と「なれ合い」は違うのです。

そういう愛のある助け合いの中から、人との本当のつながりが生まれて、ひとりで頑張るよりも何倍ものパワーが発揮されるのだと思うのです。

そんな助け合いのパワーを意識して、とことん、人とかかわってみてください。

あっ、そうそう、なにも、片っ端から全員とかかわれというわけではありませんよ。そんなのは神様のお仕事です。

ほら、自分のまわりでカギとなる人はいませんか。

仕事でいえば、上司とか、部下とか、同僚とか、お客さんとか、ビジネスパートナーとか――そういう人としっかりかかわればいいのです。

あと、忘れてはいけないのが「家族とのかかわり」です。

「メンタルを強くするために、どうして家族とのかかわりが大事なの？」なんて、まさか考えませんでしたよね。そもそも、家族は人間関係の基本。自分を支えてくれる大切な存在です。

人は、人によってしか磨かれません。

そうはいっても、誰も向こうからは、わざわざこちらを磨きには来てくれません。ですから、自分から一歩前へ出て、人とかかわっていくことが大事なのです。

始まりはここから6

行動に表わしてみる

「メンタルが強くなるための入口」、６つ目は……。

⑥ 参加する、表現する

「それなら大丈夫、私、どこへでも顔を出すタイプだし、人前でよくしゃべるほうだから！」

いいえ、「参加」「表現」ってそういうことではありません。「参加する」というのは、そうですね、**「行動して、まわりを巻き込む」**というイメージでしょうか。

「表現する」のほうは、単に人前で話すということのほかに、**行動、態度、振る舞い**など、いくらでもありますよね。

気づいていないかもしれませんが、誰もが今、本人が考えている以上に人から影響を受けています。メンタルを強くするためには、自分自身が人に影響を与えられる人になっていく必要があるのです。

それには「自分の決意」を、言葉、行動、態度などすべてを使って表現することです。そうすると、ふしぎなことに、まわりを巻き込んでいくことができます。

こんな知り合いはいませんか？　自分の決意を発信しながら行動し、まわりを巻き込んで、「自分ワールド」をつくって、主人公として生きている人。

えっ？「私は脇役で十分。他人のサポートが生きがい」ですって？

それはそれで、本人が納得しているならけっこうです。でも、自分の人生では、誰もが主人公。せっかくなら主役として、自己実現したいって思いませんか？

それに、他人のサポートって、一度何かで頭角を現わした人が、その経験を活かしてやるのが本来の形だと思うのですが、いかがでしょうか。

「変えられる」ことから変えればいい

ここまで、読んでいかがだったでしょうか。

1章では、**メンタルを強くするための前提**についてお話をしてきました。

「自分を変えたい」「行動したい」「メンタルを強くしたい」という思いが叶いそうだな、と感じましたか？

そう感じていただけたなら、2章が役に立ちます。2章では、「メンタルを強くするためのルール」についてお話をしていきます。

今までのところを読んでみて、「正直、そこまでは無理かな」と思った方は、今無理に先に進まなくてもかまいません。

いつか、そのタイミングになったと思ったときに、また読み直して、先を読んでいただければけっこうです。

ただ、「なんとなくだけど、心がザワザワした」「メンタルをほんの少しでも強くしたいなと思った」「何かをやりとげて自信を身につけたいと思った」「このチャレンジを今の仕事に活かしてみたいと思った」という人。今のその気持ちを大切にしてください。

少しでも心が動いたのなら、やるタイミングは、間違いなく「今」です！

始めるタイミングはいつ？

人は、たとえいくつになっても、自分が素直になって望めば変わることができます。年齢なんて関係ありません。

いや、それどころか、「○○歳になったら始めよう」なんて思っていても、人の一生なんて、いつ終わるか誰も予測できません。１００歳まで生きるかもしれないし、ひょっとしたら、明日で終わるかもしれない。

過去は、振り返ることはできますが、変えることはできません。変えることができるのは、未来だけ。

だったら、今から未来を変える行動を始めませんか？

「負け犬」という言葉を広辞苑で見ると、「けんかに負けて、しっぽを巻いて逃げる犬。競争に敗れてすごすごと引き下がる人にたとえる」と出ています。

私はこれに、さらにもうひとつ意味をつけ加えたい。

【負け犬　→　勝負をする前に引き下がること】

勝負をしなければ負けることはないけれど、永遠に勝つこともできません。

これだけは忘れないでください。

自分のこれからの人生の中で、いつだって、「今日」が未来への最初の日です。

さあ、2章へ進み、メンタルを強くするための具体的な一歩を歩み出してください！

2章

この「しくみ」でびっくりするほど変わり出す!

——何から始める?　どう続ける?

続けられさえすれば……

ようこそ2章へ！

ありがとうございます。そのチャレンジ意欲に感謝します！

勤勉な方ゆえ、今までの人生でも、セミナーや自己啓発の本などをきっかけに、メンタルを強くしようと一歩を踏み出したことは、何度かあったことでしょう。

でも、なぜか、その行動が続かなかったのですよね。

なぜ、続けることができなかったのか？

それはひとえに、**「続くしくみがなかったから」**にほかなりません。

もし、決めた行動を続けるしくみがあったら、どうなっていたでしょう。

行動は継続されて、やがてそれは「習慣」に変わったはずです。

ひとたび習慣に変わった行動は、無理してやらなくても、しないほうが不自然で気持ち悪くなります。

つまり、無理しなくても、行動できるようになるのです。

そして、それが「できる！」につながり、自信につながります。

この2章では、自分が決めた行動を習慣にするためにはどうすればいいか、具体的にお話をしていきます。

「無意識でできる」ようになればしめたもの

よく、「自分にはそんなに能力がないから」と言う人がいます。

いえいえ、ご心配なく。

ここではっきりお伝えしておくと、**人には、思っているほど「能力の差」はありません。**

あるのは「習慣の差」だけです。

難しく考えることはありません。

「習慣」というのは、無意識での言動すべてのことです。

たとえば、歯磨き。

小さな頃は、毎晩、親から「ちゃんと歯を磨いてから寝なさい」って言われ続けて、いやいやながらも磨いたはずです。

それがどうでしょう。いつの間にか「習慣」になりましたよね。

今はとくに意識しなくても、自然と歯を磨くことができるでしょう。

疲れ果てて帰宅し、ベッドに直行したものの、なにか気持ち悪くて起き上がり、歯磨きして、またベッドに戻るという経験はありませんか？

それが、習慣というものです。

えっ？「歯磨きが、なんで能力になるの？」ですって？

はい。歯磨きだって立派な能力です。身につけている人が多くて、能力という感じがしにくいかもしれませんが、自転車に乗るのと同じで、その人が習得して、無意識でもできるようになった能力にほかなりません。

先にもお伝えしたように、**「無意識でできるようになったものが能力」**だと思ってください。

〈事例〉「寝る前の5分間」を変えてみたら（Mさん・40代）

Mさんという営業パーソンの事例です。Mさんは、営業という仕事に強い気持ちで取り組むために、次のような行動を習慣にしようと決めました。

「毎日、寝る前の5分間、自分のスケジュール帳と会話する」

「スケジュール帳と会話する」とは、具体的には、毎晩、寝る前にスケジュール帳を開いて、明日の予定を再確認することを意味します。

その彼のスケジュール帳の中身はこんな感じ。

6時　起床、シャワー。身支度（じたく）と朝食。その間のBGMは成功者のCD。

6時45分　家を出る。
7時　電車に乗る。電車で読む本は○○。
7時50分　出社。全員のデスクの上を拭く。メールチェックと返信。
8時20分　午前中のアポ確認と昼食の相手（客先・同僚・部下）の仮約束。
8時50分　A社へ。途中B社へ電話を入れ、午後のスケジュール確認。

これを毎晩、寝る前に再確認するのですから、たとえ5分と時間を決めていても大変だったでしょう。最初は意識して意識して、それでも途切れて、再スタートして、また途切れて、またまたやり出して……。そうやって続けるうちに、寝る前に「手帳と会話」しないと気持ち悪くて寝つけないようになったのです！

「やらないと気持ち悪い」という感覚に

すっかり、「歯磨きレベルの習慣」になったというわけですね。

この習慣の効果はとんでもないものでした。

それ以来、お客様から新規の商談が相次ぎ、Mさんの営業成績はグングンとアップ。それだけでなく、何かが伝わったのでしょうか、Mさんの部下まで売上が前年度を大きく上回り、課全体の営業実績が向上したのです。

その後、Mさんはこんなふうにおっしゃっていました。

「吉井さん、今でもずっと寝る前の『手帳会話』は習慣になってますよ。実は、正直にいうと、最初は『こんなことで何も変わらないよ。今までどれだけ成功法則の学びに投資したと思ってるんだよ。こんな子どもだましみたいなトレーニングなんてちゃんちゃらおかしいよ』ってそう思ったんです。でも、毎晩、続けてやっていくうちに、心に変化が表われてくるのが、なんとなくわかりました。一番うれしかったのは、自分が宣言してやり切ったという経験、いや体感と言うのでしたっけ？　あっ、あと職場だけでなく、家族との関係もよくなりました。休日の前夜も手帳と会話して『明日は○○時に起きて娘とジョギング』って確認して行動していますからね」

そうおっしゃるMさんの晴れやかな、自信に満ちた笑顔を見て、こっちまでうれしくなったのを覚えています。Mさんは自分を強くするために、「毎晩のスケジュール帳との会話」という行動を習慣にすることにチャレンジして自信につなげたわけです。

ちょっと考えてみてください。

いったいどんな行動を習慣にしたいですか？

もし、それを習慣にできたら、1年後の自分はどうなっていると思いますか？

今の自分をつくっているすべては、これまでに生きてきた日々の積み重ね。知らず知らずのうちにくり返してきた習慣の結果です。

いわば、習慣が人をつくっている。だからこそいい習慣、ためになる習慣、成功する習慣を身につけることで、毎日は変わるのです。

習慣は、人間に与えられた不可能を可能にする「打ち出の小槌（こづち）」なんです。

新しいチャレンジ4つのルール

では、ここで、メンタルを強くしていくチャレンジにあたっての「ルール」を決めておくことにします。

これは、自分と「もうひとりの自分」との間の約束だと思ってください。

チャレンジにあたってのルールは次の4つです。

1　勇気を投資する

2　腹の中を吐き出す

3　「時間厳守」と「数字厳守」

4　因果の「因」を見る

ルール1

「勇気を投資する」

今までの人生で生み出してきたもの、達成してきたことを前提に、今までにない新しい価値のある何かをつくり出す。

それをやるために、どうしても必要なのが「勇気」です。

そもそも、新しい習慣をつくるために**今までの習慣を壊**(こわ)**すこと自体、勇気が必要**なんです。

新たな一歩を踏み出すために、気持ちを強くもって、今、このときのために勇気を投資してください。

ルール2

「腹の中を吐き出す」

新しいチャレンジをすると、どうしてもグチや不平不満が出てきます。それを心に溜めないということです。

多くの本には

「グチや不平不満ばかりを言う人は成功しない」

なんて書いてありますよね。

たしかに、いつもマイナス思考で、グチばっかり言っている人が成功するはずはありません。

しかし、ここで言いたいのは、グチや不平不満を溜め込まないということ。言い換えれば、いつもいい子でいなくていいということです。

宮崎駿監督は、映画をつくるとき、「面倒くさい、実に面倒くさい」とグチばっかり言っているそうです。そうやって不平不満を吐き出しながら大きな仕事をやりとげているのです。

ちなみに**グチは、誰もいないところで吐き出してもいいし、ノートに書き出すという手もあります。**

ノートに書き出せば、なんで今、自分はグチりたいのかを、正直に、もうひとりの自分と会話することになります。意外な原因と解決の糸口が見つかるかもしれません。

ルール3
「時間厳守」と「数字厳守」

このチャレンジ中は、「時間を守る！　数字を守る！」を強く意識することが大切です。

時間や数字というと、たとえば、「誰かと何時に待ち合わせをする」とか「売上目標を上司と決める」など、一見、誰かとの約束のように思えます。

でも、「何時までに待ち合わせ場所に行く」のも、「売上目標を達成する」のも、まずは、自分……というか、もうひとりの自分とそういう約束をするのが最初ですよね。この**約束を守らないのは、自分にウソをつくということ**になってしまいます。

先に紹介した、「寝る前に5分間手帳と会話する」と決めたら、自分にウソをつかずにそれを守り切る。まあ、簡単にいえば、決めたことを計画したとおりにやるということです。

ちなみに、営業職の方なら、「お客様とのアポ時間の5分前には、必ずその場にいる」なんていうのは、なかなかいい目標だと思います。

ルール4

「因果の『因』を見る」

因果とは、「因果関係」の因果。つまり、原因と結果のこと。このうち、「原因のほうに注目せよ」ということです。

そして、**チャレンジに行き詰まったときは、そのひとつ手前に戻ってみるといいのです。**

たとえば、「毎朝、今までよりも2時間早く起きて自己啓発の時間にあてる」という行動を習慣化しようと決めたとします。今まで7時に起きていた人は5時に起きるようにするのですから、なかなかキツいですよね。

ここで、ひとつ手前を見るのです。

つまり、起きる時間ではなく、「寝る時間」に注目する。それまで夜12時に寝ていた人が、10時に寝るようにしたら、早起きもできそうに思えませんか。

営業職の方の目標も同じです。

「毎月、必ず〇〇円の売上をクリアする」っていう目標を決めたら、ひとつ前の「コール数」や「お客様への提案数」に注目する。

もし、契約に至る確率が2割なら、コール数や提案数を増やせば目標がクリアできるかもしれません。

結果があれば必ず原因があります。

行き詰まったときは、ひとつ手前の「因(いん)」に注目!

お忘れなく。


いかがですか?

これら4つのルールについて、もうひとりの自分と、しっかり確認してください。

「言い訳」は事前に言っておく

4つのルールを念頭に置いた上で、もうひとつ。とても、重要な工程があります。

それはズバリ、**「言い訳リスト」の作成**です！

これまで、なんらかの本やセミナーから、「言い訳する人は成功できない」と聞いたことがあるかもしれませんね。

たとえば、明治の文豪、幸田露伴(こうだろはん)は、成功する人の特徴のひとつとして、「うまくいかなかった理由を人のせいにしないこと」と言っています。

また、アメリカの農業発展に大きく貢献したジョージ・W・カーバーは、「失敗の99%は、言い訳ばかりをする習慣をもつ人から生まれてくる」と言っています。

実際、うまくいかなかったとき、失敗した原因をいつも世の中や他人のせいにする人、いますよね。

いわば、「言い訳の天才」!

こういう人は、いつも自分では責任を取らずに、「適当にやり過ごして世の中を渡っていけたら、ラクでいい」と考えているようなフシすらあります。

でも、いつもまわりのせいにしていては、失敗しても、いっさい、自分の成長に結びつかないわけで、突き詰めて考えると、自分を粗末(そまつ)にしている行為なんです。

そうでなくて、なぜうまくいかなかったのか、どう行動すればよかったのかを真剣に考えることが大切。

「失敗こそ、成功のチャンス」と考えて、その**貴重なチャンスをごまかしてしま**

う言い訳をリストにして「見える化」するというのが、この「言い訳リストの作成」の狙いです。

思いつく限り、たくさん

この「失敗を他人のせいにしない」というのは、たとえば、一見、相手の失敗に見えることについてもいえます。

たとえば仕事で、部下が報告・連絡・相談をしなかったために、問題が発生してしまったとき。「悪かったのは、本当に部下か?」って考えてみてください。

もしかしたら、

「自分は、話しかけにくい雰囲気を醸し出していなかったか?」

「報・連・相をするように指示していたか?」

「自分は、部下の仕事を把握していたか?」

などなど。

そう考えると、上司として反省すべき点が見つかって、自分の成長につながります。

こんな成長のチャンスを「部下が報・連・相を怠ったから」という「言い訳」で片づけてしまったら、もったいないではありませんか！

さあ、「言い訳リスト」を作成して、今までの自分がしてきた「言い訳」を白日のもとに晒してみませんか？

「言い訳」は何かをやったあとに出てくるものですが、それを「事前に出してしまおう」というのですから、最初は違和感があるかもしれません。

頑張って「言い訳」を考えてください。

たとえば、

・「暑いから」「寒いから」「雨だから」「風が強いから」……

お天気は絶好の言い訳です。雨の日は誰にとっても雨の日ですよ。

・**「電車が事故で」「バスが遅れて」「道が混んでいて」……**

交通事情は遅刻などの言い訳の代表選手。交通機関に遅れはつきもの。それを見込んだ余裕のある行動を。

・**「子どもが熱を出して」「パートナーが急に」「親戚が突然」……**

大切な日に熱を出すのが子どもというもの。自分が急に休んでも、仕事がスムーズに動くように手配しておくことが大切。まさか、自分が休みたいための言い訳に親戚を使っていませんよね？「来週、親戚の伯父(おじ)さんの葬儀で」って（笑）。

・**「上司が」「部下が」「同僚が」「社長が」……**

これは仕事がうまくいかなかったときの会社員の常套句(じょうとうく)。さっきの部下の報・連・相の例のように、問題点は自分にもあるかもしれません。

これらは、受験生からも挙がったよくある言い訳案です。

さあ、思いつく限り、自分がしていいそうな言い訳を列挙してみてください。

「言い訳リスト」のすごい効果

さあ、いかがですか？

「言い訳リスト」は書き終わりましたか？

なかなか「言い訳」を思いつかない方、1章で、「自分のまわりで起こっている現象の原因は、すべて自分にある」ってお伝えしましたよね。

そう考えたら、ひょっとしたら、うまくいかなかったときのほとんどの言葉が言い訳だと思いませんか？　手加減することなく、どんどん書き出すことが大切です。

完成した「言い訳リスト」は、縮小コピーして手帳に貼る、部屋の壁やトイレに貼るなど、とにかく、よく目につくところに貼るのがおすすめ。

そして、日々、自分の口にした言葉を思い出して、「ああ、今日はこの言い訳をしてしまった」「あっ、またこの言い訳を使ってしまった」とチェック。さらに、「明日からはもう、この言い訳は絶対に使わないぞ」って思うようにする。

そこまでやっても、たぶん、言い訳は頭の中に湧(わ)いてくると思います。

ただ、**「また言い訳してしまった」と、すぐに気づけばいい**のです。

気づいたときは、「ごめんなさい、今の発言は言い訳でした」と、相手に伝えてしまうのもアリ。そういう習慣を続けると、「言い訳」が頭に浮かぶ回数は、確実に減っていくはずです。

リストに言い訳をどんどん書いて、ビンビン意識して、つい使ってしまったら、しっかり反省し、明日に向かってひとつずつなくしていくこと――。

そして、「もう、この言い訳は完全に使わなくなった」と思ったら、その言い訳はリストから消してオーケーです。

いまだについ口にしてしまう私の「言い訳ベスト3」

ずっと使っていた言い訳から卒業して、その言い訳をリストから消すのって、けっこう快感ですよ。

ちなみに、私は、最初にリストを作成したとき、約400個の言い訳を書き出しました。

それが、その後30年くらいかけて、ようやく半分に。

言い訳は、新たなものがその都度、追加されるので、まあ、増えたり減ったりのくり返し。人間は、なかなか「言い訳ゼロ」にはなれないものですね。

減らしながらも上手につき合っていくという感覚かもしれません。

ついでに、告白してしまうと、私が、つい使ってしまう「言い訳ベスト3」は、次のようなものです。

「昨日、飲み過ぎたから」

「最近、寝不足なので」

「ちょっと体調悪くって」


どれも、相手にはいっさい関係のない自責の言い訳ばかり。

私もまだまだ因果の「因」の検証が甘いようです。人生は修行ですね。


さあ、これが「言い訳リスト」の使い方です。

つくったリストをコピーし、いつも見えるところに貼って検証をスタートしてください。

家の人に見られたっていいではありませんか。

「ここに書いてあることをひとつずつ減らしていくね」と宣言すれば、「あっ、この言葉使ってるよ」って、言い訳の撲滅(ぼくめつ)に協力してくれるかもしれません。

自分の「やり切った姿」をイメージする

言い訳リストも整えて、いよいよ「何を毎日やるか」を決めるステップです。
まずは、ご自身の日常生活の中から、ひとつ決めてみてください。
そして、**「もし、その決め事が自分の習慣になったとしたら、自分にどんな利益と可能性が生まれるのか？」**を想像してほしいのです。

「何を習慣にするのかまだ決まっていないのに、利益も可能性もわからない」ですって？　まあ、そうおっしゃらずに。

たとえば、先ほど紹介した、営業職のMさんの場合。

「習慣にしたい」と決めたことは、「毎日、寝る前に5分間、自分のスケジュール帳と会話する」でしたね。それを決めたときに、Mさんが想像した「利益」と「可能性」は次のようなものでした。

- **利益………「翌日の行動が明確になる」「5分と決めることで集中力が高まる」**
- **可能性……「習慣になったら、そのあとずっと使えるスキルになる」「休みの日が予定どおり気持ちよく休める」**

いかがですか？

少しはイメージが湧いてきましたか。

コツとしては、たとえ何を習慣にするにしても、「毎日すること」を自分で決めて、淡々とやり続けた自分、いろいろとやってくる「ハードル」や「抵抗勢力」のお試し君と戦いながら、やり切った自分――そんな自分が目の前に立っていると想像してみることです。

「利益」と「可能性」を両取り！

意識しないでできるようになった自分は、どんな表情をしていますか？ どんな心の状態だと思いますか？

ガッツポーズで、「やり切った！」と飛び跳ねているかもしれません。やり切ることで、メンタルが強くなり、真の自信を手に入れることができます。

自信に関しては、私はよくセミナーで、「自信に根拠なんかいらない」とお伝えしていますが、「いや、やっぱり根拠がほしい」という方にとっては、それを見つけるチャレンジになるかもしれませんね。

どうですか。新しい自分の姿がなんとなく想像できましたか。

今、どうしても具体的なイメージが浮かんでこない方でもガッカリすることはありません。この利益や可能性については、「毎日やること」を決めてから、110ページでまたお話をさせていただきますね。

「何をやるか」を考えるにあたって

「毎日やること」を決めるときの留意事項は、次の4つです。

①「自分ひとりでできること」にする

毎日やることとは、「まわりの誰かに協力してもらわないと達成できないこと」にしてはいけません。

私のセミナーでも、時折、「毎日10分間、子どもと向き合って会話する」というようなことを決められる親御さんがいらっしゃいますが、この場合、子どもの協力が必要です。

これは、もしできなかったときに、「子どもが○○だったから」という、他責の言い訳をしてしまいがちになるのでおすすめできません。

②やったかやっていないか、「明確に判定できる」ことにする

感覚の問題ではなく、定量的に判定がつくものにします。

「毎日、3人の人から感謝される」では、本当に感謝されているかどうかわかりませんよね。

「毎日、3人の人から『ありがとう』と言ってもらう」だと、明確にはかることができます。

③決め事の中に数字を入れる

「毎日○○する」ではなく、「毎日1回、5分間○○をする」。

「早起きをする」ではなく、「毎日6時に起床する」。

「日記を書く」ではなく、「毎日5行以上、日記を書く」。

このように、具体的な数字を入れ込むことが大切です。

④「何時に始めるか」まで具体的に

「毎朝、30分歩く」と決めたら、開始は何時にするかとか、雨の日はどうするかなども決めておく。

「会社で○○をする」と決めたら、休日はどうするかというパターンも決めておく。

それをやっている自分を想像して、通常の日ではない日でも、ちゃんと続けられるように具体的に決めてください。

これら4つの留意事項を守って、さあ、「毎日やりたいこと」をひとつ考えてみましょう。

こんな「小さなこと」だって大きな意味がある

えっ？「まだ決まらなーい」ですって？

わかりました。

そういう方のために、私のこれまでのセミナーの参加者がどんな「やりたいこと」を決めてきたか、その具体例を公開しましょう。

・毎日寝る前に5分間、自分のスケジュール帳と会話する
・毎日帰宅後に自宅のトイレを掃除する。休日は起床後にトイレを掃除する
・毎朝毎晩、玄関の靴を揃(そろ)える

・毎朝、顔を見て「おはよう」とはっきりとした口調で家族に言う
・毎朝30分の運動（晴れの日と曇りの日は外を歩く、雨の日は部屋でダンベル運動）をする
・毎朝、6時に起床し、30分間英会話の音声教材を聞く
・毎朝、始業1時間前に出社し、全員の机を拭く。休日は自宅の拭き掃除をする
・毎朝、始業1時間前に出社し、会社のトイレ掃除をする。休日は自宅のトイレ掃除をする
・毎朝、始業1時間前に出社し、仕事場周辺の歩道の清掃と、入口の扉やショーウィンドーを拭く。休日は家の玄関先から両隣にかけて清掃する
・毎日決まった人にはがきを1枚書き、投函（とうかん）する（この方の「決まった人」とは、苦手な上司でした！）

いかがですか？

こんなことでいいのです。

〈事例〉仕事の目標も結婚もゲットした（Yさん・30代）

かつて、私のセミナーに参加された営業職のYさんの事例です。
彼が決めた「毎日やること」は次のようなものでした。

「毎日、3人の新規見込み客との出会いをもつ」

一見、実に立派な目標に聞こえますが、私の正直な感想は、「この目標への行動が毎日続くとはとても思えない！」でした。
まあ、本人が決めたことなので、応援したいところではありますが……。

私のすすめる方法は、受講者に目標を決めてもらい、その後に結果だけを見る……と、そんな無責任なものではなく、実践後は、受講者全員へ、毎日励ましメールを送り、日々の心の動きについてカウンセリングしながら、90日後を目途に して一緒に戦うというものです。

1章で、毎日やることを決めるとき、「やめる期限」を設定するとお伝えしましたが（35ページ）、これまでの経験から私は、やめる期限として「90日」をおすすめしています（付章に詳述）。

受講者にそこまでかかわるからこそ、はじめから「できそうもない目標」は立ててほしくありません。やり切って達成感と自信をつかんでもらいたい。

私はYさんに質問してみました。

私「新規見込み客とどうなればオーケーという、判定基準は明確にありますか？」

Yさん「はい、名刺交換、自社と私の自己紹介、次のアポを取るということです」

私「そこまでできて、はじめてひとりというカウント。それで1日に3人なんですね？　利益と可能性は、想像できていますか？」

Yさん「毎日平均3人ですから、たとえば90日後には270人の見込み客です。ワクワクしますね」

私「んっ？　ちょっと待ってください。平均ってどういう意味ですか？」

Yさん「はい、私は週に1回は、交流会や名刺交換会に参加しますから、1週間で21人は目途が立ちます。なんとかなりますよ」

ここでやっとわかりました。

Yさんは、**「毎日すること」の意味をはき違えていた**のです。

メンタルを強くする上で大切なのは、「やると決めたこと」を「毎日やり続ける」ことで、そのときに起きる「ハードル」や「抵抗勢力」のお試し君（38ページ）と、正面から向き合い、習慣にする術（すべ）を学ぶことです。

つまり、毎日やることに最大の意義があるのであって、Yさんが目論（もくろ）んでいる「計算」とは違います。

彼女のお父さんもこれにはニッコリ

私「Yさん、それは、毎日3人の見込み客発見とはいわず、『90日の間に270人の見込み客を発見する』という設定ですね。したがって『毎日の決め事』には当てはまりません。もう一度考え直してくださいね」

私の言葉に一度はシュンとしたYさん。

しかし、しばらくたつと、こう言ってきました。

Yさん「先生決めました！　やはり『毎日3人の新規見込み客との出会いをもつ』でいきます。交流会や名刺交換会がないときでも3人の新規見込み客を目指します。そうすれば、90日後には、500人から600人の見込み客をもてます。そうなれば、私のプレゼンの成功率でも、支社のトップセールスどころか、全国コンペでも優秀表彰間違いなしです。彼女のお父さんに『フルコミッション（完全歩合制）の仕事はあてにならない』と言われていますが、これなら結婚の許しも出て、賃貸マンションも、ワンランク上を探せます」

ちょっと強引に思えましたが、笑顔でパワフルに語るYさんを見ていると、なんだかできそうな気がしてきて、応援することにしました。

その90日後。なんとYさん、本当に650人の見込み客リストを持っていました。**彼女のお父様にも笑顔で結婚を許してもらった**そうです。

一見無理に思える目標も見事に押し切ってしまったYさん。こんな事例もあるのです。

〈事例〉退職して途方に暮れていた（私・当時27歳）

Yさんの事例に続いて、これから取り組む上で少しでも参考にしていただくために、私の話をいたします。まあ、イヤがらずに聞いてください。

高校を卒業して就職したものの、成果もろくに上げられず、中途半端なまま、27歳で退職してしまった私。

転職をくり返し、自営業もやってみたけど大失敗。最初は勢いでうまくいったように思えても、気がつけば残ったのは借金の山でした。

当時は、かかってくる電話といえば借金の取り立てばかり。日々の生活があるので、ガソリンスタンドなどでアルバイトをしながら、「私の一生は、このまま終わるんかなぁ」って、そんなことばかり考えていました。

そんな、どん底の私に**「自分に気づく」**というテーマの自己啓発セミナーを紹介してくれたのが知り合いの社長さんでした。そのときの私は、もう31歳。ワラにもすがる思いでセミナーを受けたのを覚えています。


それからの私は、数々の能力開発セミナー、自己啓発セミナーに通い、さまざまな成功者のプログラムも試しました。もう、アルバイト代はセミナーの受講料や、プログラムの購入代金に全部飛んでいったような気がするほどでした。

とにかく、人生を逆転して成功したかった……いや、そんなカッコいい話ではなく、とにかく稼ぎたかった!

今までの自分だったら、失敗をくり返してしまうとわかっていたから、自分を変えるために学び続けたのです。

一緒に受講した、多種多様な職業で幅広い年齢層の人たちと出会う中で、たくさんのことを学ばせてもらった時期でもありました。

この時期に気がついたこと。それは、**同じセミナーやトレーニングを受けているのに、うまくいく人とうまくいかない人に分かれてしまう**ということ。この違いはいったい何なのかってよく考えていました。

アルバイト先からもらったチャンス

そんな頃です。アルバイト先の石油販売会社の部長さんから、「うちにこないか」って声をかけてもらえたのです。33歳のときでした。

うれしかった〜。そして、これは「今までの自己啓発の成果を実践で確かめるチャンス」だと思いました。

私が配属されたのは、赤字続きのガソリンスタンド。役職はマネージャーなので、一応は店長です。そして、部長からは、こんな言葉をかけられました。

「吉井君にこの店を立て直してもらいたくて採用した。1年間で採算ベースに乗

せてください」

いや～、それは一所懸命に働きましたよ。いろいろなセミナーなどで知り得たことをどんどん実践し、スタッフとかかわりをもって……。でも、少しは売上が上がったものの、抜本的には何も変化のないまま、あっという間に1年が過ぎてしまいました。

そんな折、来期の社内コンペの案内なるものを目にしたんです。

それは、全国1万5000店舗が参加するコンペで、来年度1年間の総合評価の前年伸び率のポイントを競い合い、ベスト30位以内に入れば、全国表彰を受け、ご褒美（ほうび）で海外研修に行かせてもらえる、という内容。

同時期に、部長からは「チャンスはあと1年だけ。これでダメだったら……」という通達が。

こうして、私は、このコンペ入賞を目標にして、スタッフのモチベーションを上げ、売上を伸ばすことにすべてをかける決心をしたのです。

〈事例〉「続けること」で自信が生まれる（私・当時33歳）

コンペにすべてをかけると決めたものの、気がつけばいつもひとりで黙々と働いているだけの毎日でした。

「あんなに人材育成や人材管理術について学んだはずなのに、ぜんぜん役に立っていない」と悶々（もんもん）とする日々。1章で紹介した「やることを明確にする」「誠実に取り組む」「冒険する」「今、ここを大切にする」「人とかかわる」「行動に表わす」がどれひとつできていませんでした。

そんなある日、過去の研修ノートを何気なく見ていたら、**「言い訳リスト」**と**「凡事徹底（ぼんじてってい）」**という言葉を見つけたのです。そこには、「言い訳してもいい、気づいて減らせ」「誰にでもできることを、誰にもできないくらいやる」「必ず何かが変わる」と書いてあるではありませんか！

見た瞬間、「これだ！　今の状態を抜け出すには、これしかない！」と思いましたね。

私は、さっそく「言い訳リスト」をつくり、翌日、それをガソリンスタンドの休憩室の壁に貼ると、スタッフ全員を集めてふたつのことを宣言しました。

「俺のよく使う言い訳はこれや。ここに貼っておく。俺がこの言葉を使ったら、みんなで注意してくれ」

「俺は明日から、毎朝、みんなが出勤する前にトイレと休憩室を清掃する」

いきなりの宣言に、スタッフは面食らったことでしょう。

半年くらいたってからスタッフに聞いた話によると、そのときの感想は「ヘンなこと言い出すなぁ」「店長は言い訳ばっかり言うてるくせに」「毎朝掃除なんてできるわけないやろ」「続けへんよ」でした（笑）。

宣言した翌日から、私のチャレンジは始まりました。

当時のガソリンスタンドの営業時間は朝の6時から。自分が早番でない日に「スタッフが出勤する前にトイレと休憩室を清掃する」ためには、5時には出勤しなくてはなりません。

1日過ぎ、2日過ぎ、1週間が過ぎ……。私は早番の日も遅番の日もお休みの日も、毎日、早朝から掃除を続けました。

スタッフからは、「いつまで毎朝トイレ掃除するんですか、いい加減に撤回したらどうですか」「そんなことしても、『僕が代わります』なんて誰も言いませんよ」って、けっこうイヤがられていたように記憶しています。

一方の「言い訳リスト」のほうも、「店長、また、この言い訳してますよ」「こんなのを貼って恥ずかしいだけですよ」って、評判はよくなかったですね。

自分でも信じられないことが起きた！

そんなこんなで、60日が過ぎた頃のこと。

その日、私は朝寝坊をしてしまい、出勤が1時間遅くなったんです。気は重かったですね。「ああっ、ここまで続けてきたのに、とうとうやってしもた」って感じで。「これでまた信用をなくしてしまう」と、そんな思いを抱えながら車のハンドルを握り、遅れて出勤してみると……。

私を見つけたスタッフたちが飛んできました。そして、「寝坊や。宣言どおりでけへんかった。ごめん」と言う私に向かって、「心配しましたよ、事故にでもあったんちゃうかって。寝坊ですか、よかったですわ」って。女性スタッフは、「絶対に事故やと思って警察に問い合わせするところでした」って。店で一番やんちゃな男性スタッフは、「店長、俺らが言うこと聞かへんから、イヤ気がさして逃げ出したと思ったわ」って……。

感動しました。

私の毎日のチャレンジを、みんな、ちゃんと見てくれていた、私はひとりじゃなかったって気づきました。そして、**「このまま続けてみよう。きっと何かが変わるぞ」って、「根拠のない自信」が湧いてきた**のです。

結局、私の早朝の掃除は、宣言した日から1年間続きました。出張と冠婚葬祭で、合計17日はお休みしましたが、348日間はやり切ることができたのです。

さて、その結果、肝心(かんじん)の総合評価コンペはどうなったかというと……。

私の姿を見たからか、スタッフ全員が本気になって仕事の改善に取り組んでくれた結果、店舗の売上はグングン上昇。前年の売上を大きく上回り、全国1万5000店舗中、なんと第3位に入ることができたのです！

ウソのような本当の話。自分でも信じられませんでしたね。

実をいうと、私はこの前に一度、「行動を習慣にする体験」をしたことがありました。

それは、セミナーやトレーニングを受けまくっていた頃のこと。講師から「凡事徹底」の大切さを聞き、私は、「決まった相手に、100日間毎日、ハガキを書いて投函する」を実行したのです。途中で、送る相手は1人増え2人増え……、最多で毎日5人にハガキを出していました。それをやり切って、相手との関係がよくなった体験があったから、トイレ掃除の貫徹につながったのかもしれません。

今から「毎日すること」を決めてチャレンジしようとしている方へ――私の体験、少しは参考になりましたか。「その程度ならできそう」と思っていただけたら幸い。**行動を習慣にすることなんて、サクッとやっていったらいい**のです。

くり返しますが、決めたことを、毎日、ひたすらやり続けると、勝手に習慣に変わって、しないと気持ち悪くなりますから余計な心配はしなくて大丈夫です。

自信がどんどんついてくる「4ステップ」

さあ、ぼちぼち、**自分が毎日やること、イメージできましたか？**

まだ具体的に思いつかない人は、さっき紹介した「『毎日やること』の具体例」（89ページ）を参考にしてくれてもいいですよ。決めるときの注意点は、次の4つでしたね。

- **「自分ひとりでできること」にする**
- **やったかやっていないか、「明確に判定できる」ことにする**
- **決め事の中に数字を入れる**
- **具体的に決める**

「あれもしたい、これもしたい」と考えている方へ。2個まではオーケーとしましょうか。それ以上は、何かを意識し、反復の結果、「習慣になったぞ！」となってから、次のステップでチャレンジするといいでしょう。

何をやるか決まりましたか？　では、次のステップです。

●「続けていく上で邪魔になりそうなこと」を書き出す

毎日やることが決まったら、次は、「続けていく上で邪魔になりそうなこと」を書き出していきます。

1章で「お試し君」という言葉を出しました。その例を少し挙げてみます。

○心の中に現われる「お試し君」の例

- 「こんなこと、チャレンジして何になる」
- 「まあ、1日くらいはサボってもかまわないか」
- 「風邪（かぜ）ぎみで、体調悪いから」……など

○ハードルとして現われる「お試し君」の例

・家族がヘンな目で見てくる
・急用が入り予定が狂った
・妻が、夫が、子どもが、上司が、部下が○○……など

さあ、想像力を働かせて、どんどん書き出してください。

●ハードルなどへの対策を考える

次は、前のステップで書き出した問題への対策を考えます。

これは、そのハードルなどに屈するかどうかの分かれ目になる大事なところなので、しっかりと考えてくださいね。こちらも少し例を挙げてみましょうか。

○現われるハードルなどへの対策の例

・やると決めたときの気持ちを思い起こす

・意識を高めるために、この項目でつくる「ハードルとその対策」のシートを家のトイレ、寝室、リビングに貼る
・家族やまわりの人には、このチャレンジを前もって伝えてあとに引けなくする
・達成した自分の姿を思い描く……など

これに正解はありません。自分に効きそうな対策を考えることが大切です。

・「こんなこと、チャレンジして何になる」↓「決めたのは自分！　自分を信じろ」
・「まあ、1日くらいはサボってもかまわないか」↓「その1日が、未来の自分を決めるんだ！」
・「風邪ぎみで、体調悪いから」↓「風邪を言い訳にするな！　心まで風邪を引いたわけじゃない！」
・家族がヘンな目で見てくる　↓「今までの自分とは違う、本気を見せてやれ！」

・急用が入り予定が狂った　→「忙しくてなにより！　今こそ覚悟を試されているんだ！」
・妻が、夫が、子どもが、上司が、部下が○○　→「まわりには惑わされるな！　自分の意志をしっかりもってやり切れ！」

どんな単純なことでも、自分が決めた瞬間から、「お試し君」はやって来ます。「お試し君」の正体は、自分の中の「もうひとりの自分」だとお話をしましたよね。だったら、やるかやらないか、ただそれだけのこと。「お試し君」、大歓迎！　それが出てくるのは、自分が真剣に取り組んでいる証拠です。さあ片っ端から撃破していきましょう！

●「気持ちが強くなった自分」を想像する

最後のステップは、先ほど少し触れた「達成した自分の姿を想像する」です。数々の「お試し君」と戦って、新しい習慣を獲得した自分を想像していきます。

どんな顔をしていますか？　どんな自信が湧いてきていると思いますか？

まわりの人、とくに家族はどんな表情で、どんなふうに思っていますか？

自分の仕事にどんな影響がありましたか？

習慣になったことは、これからの人生に、どんな影響をもたらしそうですか？


いろいろと想像してみてください。ここは勝手な想像でオーケー。どんなシンプルなことでも新しい習慣になったら立派なものです。

「誰にでもできること」を「誰にもできないくらい」に、とことんやってみる。

そのときに何かが変わります！

●「ご褒美」でモチベーションアップ！

せっかくですから、見事に達成したときのご褒美を決めておきませんか？

なにも高価な品物だけがご褒美になるとは限りませんよ！

これまでの受講生では、海外旅行のパンフレットを目のつくところに貼った人もいたし、自分の笑顔の写真や、家族の写真を貼っていた受講生もいましたね。

自分や家族が笑顔で幸せになることが最大のご褒美なのかもしれません。いろいろと楽しんで考えることが、モチベーションアップの秘訣です。

さあ、これから毎日やることが決まりました。

あとは、粛々（しゅくしゅく）と実践あるのみです。

行きつく先には、自信を得て、メンタルが強くなった自分の姿が見えています。

3章では、その実践を続ける「きっかけ」について、お伝えしていきます。

3章

心の図太さ、しなやかさはこんな小さな「21のきっかけ」から！

——「ハードル」のままか、「踏み台」にするか

「習慣の差」が毎日を変える

いよいよ3章です!

この章では、習慣になる行動を開始していく上でエネルギーになる21のきっかけについてお話をさせていただきます。

ここまでで、「言い訳リスト」を作成し、毎日やることを自分で決めました。

「予想できるハードル」、そして、それへの対応策も決まりましたね。

さあ、ここまで来たら、新しい習慣を身につけた自分へ向けてスタートを切るだけです。

ここで、大切な考え方。

それは、「とにかく、まずやってみる」ということ！

頭のいい方に限って、「どういうふうにするべきか」とか、「やるにあたってはこうあるべきだ」とか、いろいろと考えてしまうもの。

四の五の言う前に、まずは行動あるのみ！

「やる」ということに、全力を注ぎます。

なんといっても、自分で決めたことに、自分でチャレンジするんです。

単純明快な話。ただそれだけなのですからシンプルに考えればオーケー。なにも肩に力を入れる必要はありません。

いよいよ、反復による習慣づくりの旅のスタートです。

何度もいうように、**「習慣の差」が毎日を変えます！**

この章でお伝えする「きっかけ」を上手に使ってみてください。それがメンタルの強さにつながるのです！

きっかけ1

「三日坊主」は悪くない

新しい習慣を自分のものにする「きっかけ」の1つ目。

まず、**「三日坊主」は悪くない**と考えることです!

「いやいや、三日坊主がオーケーなら、続かないじゃないですか!」

そう思いましたね。

まあ、聞いてください。たとえば、次のようなA君、B君、C君、D君という4人がいるとします。

・A君……やると決めたことを毎日毎日やり切った

・B君……「どうせ自分は何をやっても続かない」と考えてチャレンジしなかった

・C君……典型的な三日坊主で、4日目からはやっぱりできなかった

・D君……三日坊主で4日目にはやめてしまったが、「一度やろうと決めたんだから、もう一度始めよう」と、5日目から再開した

いかがですか？　A君は決めたことを、決めたとおりにやり切りました。これは素晴らしい。

B君は、最初から自身の可能性や価値を否定してしまっています。

C君は、長年の三日坊主という習慣に飲み込まれてしまいました。

D君は、思い直して再チャレンジするのですね。ただ、もしかしたら、また三日坊主のくり返しになるかもしれませんね。

ここで質問。

A君は別として、残り3人の中で、一番成功に近いのは誰だと思いますか？

始めさえすれば、8割は成功したのと同じ

考えるまでもなくD君ですよね。

メンタルを強くするなら、とにかくスタートの第一歩を踏み出すことが大切です。最初の一歩がなければ、何も始まりません。

アメリカの映画監督・俳優のウディ・アレンは、「始めさえすれば、もう8割は成功したのと同じだ」と言っています。

そして、この**「第一歩」の次に大切なのが、「4日目」というか「やると決めたことが途切れてしまった日」**なんです。

なんらかの事情で、続けていたことが途切れてしまったときに、どう考えるか?

「あーあ、やっぱりダメだったか。もう、あきらめよう」って、C君のように、あっさりとあきらめてしまうか。

それとも、「途切れてしまったけど、一度はやると決めたんだから、明日からまた続けよう」ってD君のように復活するか。

「途切れたこと」に着目するのか、「自分がやろうと決めた決心」に着目するかが、まさに運命の分かれ目。

途切れたときこそ、「三日坊主は悪くない」を発動してください！

「毎日続けることに意義がある」とお伝えしてきましたが、一度途切れただけでやめてしまうのはもったいない。

A君にはなれなくても、「三日坊主な自分」を素直に受け入れて、途切れた翌日から再スタートすることが大切です。

ポイント

3日続けてやった人だけが「三日坊主」になれる！

きっかけ2

「ポイントカード方式」を利用する

「新しい習慣をモノにして自信をつけ、メンタルを強くするぞ！」って、そう決めても、ついつい「サボりグセ」が顔を出す。

それが人間というものです。

習慣になっていない段階で1日でもサボると、次にやるのがすごく面倒くさくなります。

できれば、1日もサボらずにやり通せるに越したことはありません。

その精神的なお手伝いとして、たとえば、**自宅のカレンダーに「できた日」のチェックを入れる**というのはいかがでしょう。

いわばポイントカードみたいなもの。

赤マジックで星印を描いたり、好きなキャラクターのシールを貼ったりしてもいいと思います。

コツは、子どもの頃の、夏休みのラジオ体操を思い出してやってみること。

早起きするのはつらいけど、毎日参加するたびにチェックシートに印をつけてもらっていると、それが途切れるのがイヤで頑張れたこと、ありませんか？

一見、子どもだましに思えるかもしれませんが、ぜひ、やってみてください。

自宅のカレンダーが使えないなら、スケジュール帳のカレンダー欄にマークをしてもかまいません。毎日の行動が実感できて、マークする瞬間は快感ですよ。

それでも、途切れた日ができてしまったら、きっかけ①「三日坊主は悪くない」を思い出して、サボった翌日に全神経を集中させてくださいね。

ポイント

「サボってしまいそうなとき」はこのしくみで解決！

きっかけ3

「やめる理由」を考え始めてしまったら

何度もいうように、メンタルを強くする行動が習慣になるためには時間が必要です。

でも実際に始めてみて、1週間もたつと、たぶんこう思うでしょう。

「本当にこんなことやっていて意味があるのか？」

そんな疑いをもってしまうと、どうなるか？

「続けたってムダ」

「自信なんてつかない」

「やりとげたって、メンタルが強くなるわけない」

と**やめる理由を集め出してしまう**のです。
いやいや、「こんなこと」って、その「こんなこと」を、考えに考えて決めたのは自分自身でしたよね。

「ウダウダ」を吹っ飛ばすコツ

たしかに、「毎晩、手帳で明日のスケジュールを確認する」とか、「毎朝、誰よりも早く出勤してトイレ掃除をする」とか、行動そのものを見ると、続けているうちに、「本当に大丈夫？」と疑問が湧いてくるのはよくわかります。

でも、私のセミナーの参加者を見ると、実際、続けていたらウソのようにメンタルが強くなっているんです。

理屈ではなく、事実がそれを証明しています。

だったら……。

「本当に続けていて大丈夫だろうか？」なんて、余計なことは考えないことです。

根拠のない取り越し苦労や、心配を増幅させる暇があったら、「信じて、黙々と続けていくこと」が大切です。


こういうふうに考えてみたらどうでしょう。

数あるテレビ番組の中から、自分で選んだ番組を見ている。

同じ時間を使って、どんな番組を見るかは自由。

どのチャンネルを選ぶかで、自分にいい影響があるかもしれないし、悪い影響があるかもしれない。

どの番組を見るか熟考して決めました。

だったら、自分を信じること。

①決めたことをやり切れば成功できる、夢が叶うと思う
②できる自分を想像する
③できそうな態度やエネルギーが、全身から醸し出される

④まわりにもほかのことでも、いい結果が出やすい
⑤経験量・実践量が増える
⑥一層成功できる、夢が叶うと思う

という、**メンタルを強くするための「いい習慣の風」に乗る。**

そのチャンネルに、意識を合わせることに集中する。

大丈夫。自分の選択を信じて進んでください。

信じて続けていれば、いつの間にかメンタルが強くなっていきます。

ポイント
できそうだと思う&できたところを想像する

きっかけ4

「困ったこと」が起きたら

毎日、決めたことを続けていると、「困ったこと」が起きる日があると思います。

でも、あえていいます。

実は、この「困ったこと」というのは、「困ったこと」が起こっているのではなく、自分が「もうひとりの自分」に試されているだけなんです。

毎日続けていることを邪魔する「困ったこと」って、たとえば、どんなことですか？

「毎日、続けようと思っているのに、今日は予定が狂ってしまった」

「やる時間がなくなった」

「邪魔が入った」

とか、そういうことですよね。

すでに「ハードルへの対策を考える」というステップを踏んでいるはずなので（108ページ）、本来は対応策も考えているはず……という話は置いておくとして、どう対処するか？


それらのことは、**困ったことが発生したのではなく、「自分が試されているんだ」と考えれば、代替案はいくらでも出てくるはず**です。

「自分が試されている」瞬間

たとえば、「毎朝、出勤前に家のトイレ掃除をする」と決めているのに、出張先でホテルに泊まることになってしまったら。

もしかして、口では、「困ったな」って言いながら、心の中では、「今日はやらなくてもいいや、ラッキー」なんて思うのではありませんか。

でも、出張は「自分が試されているんだ」と考えたら、こう思うことだってできるはずです。

「だったら、朝、ホテルの部屋のトイレを掃除しよう」

そう考えたら、毎朝のトイレ掃除を続けることができますよね。

ここが勝負の分かれ目です。

人生なんて、「困った」と思うことが習慣になっている人にとっては、「困ったこと」だらけです。

「上司が難題を押しつけてくる」

「やっかいなお客の担当になってしまった」

「子どもの学校の成績がよくない」

「ご近所づき合いがうまくいかない」

「パートナーがリストラされてしまった」

ありとあらゆることで、「困った、困った」って言っていませんか？

でも、それって本当に「困ったこと」でしょうか？

もしかしたら、成長の機会だったり、新しいスタートのきっかけだったりしませんか？

「災いを転じて福となす」ということわざもありますよね。

ぜひ、「困ったと思う習慣」を、この機会になくしてみてください。

ポイント
「災い」はなんでも福になる

きっかけ5

人の批判を受けたとき

私がガソリンスタンドで、毎朝の掃除をスタートしたとき、最初はまわりの反応が冷ややかだったという話をしましたよね。

自分がやると決めて、やり続ける姿を見て、ひょっとしたら他人から批判めいたことを言われることもあるかもしれません。

「なに、そんなことやってんの？」「カッコつけないでよ」「そんなことで成功するなら苦労しないよ」など、想像しただけで、いろいろと浮かんできます。

大丈夫です。どうか、**他人の批判的な言葉に一喜一憂しない**でください。

人はひとりでは生きられないし、他人の言葉によって傷つくことがあるという話は、1章でしました。

でも、だからといって、他人からのナイフのような批判の言葉を恐れて、何も行動しなければ、自分の成長が止まってしまいます。

ここで、ジョン・レノンの言葉を紹介します。

「人の言うことなんて気にしちゃダメだよ。『こうすれば、ああ言われるだろう……』、こんなくだらない感情のせいで、どれだけの人がやりたいこともできずに死んでいくのだろう」

他人の批判なんて気にしていたら、生きている喜びも幸せも感じることができなくなります。

自分で決めたことを信じて、もうひとりの自分にも、他人にも惑わされないでくださいね。

ポイント
怖くなったら「ジョン・レノン」！

きっかけ6

意識的に「迷子」になってみる

ほとんどの人が、毎朝、同じ道を通り、同じ景色を見て、同じ満員電車に乗る。

同じ会社へ出勤して、同じような仕事をする。

そういうものだと割り切って、同じことのくり返しをやっているのではないでしょうか。

それが悪いとはいいません。

でも、そうやって毎日毎日、まるで神経をマヒさせたように同じことをくり返していると、ある朝、突然、会社へ向かう足が重くなり、電車に乗っても息苦しくて仕方がない、会社に着いたばかりなのに、「ああ、今日はもう帰りたいな」

って思えてくる……と、そんな日はありませんか？

もし、そんな状況になったとしたら、それは、**心の中に「メンタルのゴミ」が溜まってきたサイン**です。

そんなときは、仕事は手につかないし、何をやってもノリが悪い。感性や感受性も落ちて、人とコミュニケーションを取るどころではないでしょう。

では、そんなときはどうしたらいいか？

私のおすすめは、**「迷子になること」**です。

わざと「ふだんと違うこと」を

実は人間というのは、毎日の行動のほとんどは、過去の経験によってほぼ無意識に行なっているのだそうです。

ですから、**わざと、ふだんと違う行動をして「脳に刺激を与える」**のです。

そうですね。たとえば、いつもの通勤なら、時間に少しだけゆとりをつくって、ひとつ手前の駅で降りて会社まで歩いてみるなどいかがでしょう。出勤前にそんな余裕はないという方は、帰宅時でもいい。家の最寄り駅のひとつ手前の駅で降りて、自宅まで歩いてみるのです。

今まで見たこともなかった景色に触れ、知らなかった素敵なお店を発見できるかもしれません。途中で見つけた小さな公園でひと休みしてみるのも……。どうです？　脳にとって、とてもいい刺激になると思いませんか？

ひとつ前の駅で降りて歩くなんて疲れる……という方は、電車の通勤経路や乗る時間を変えるのはいかがですか？　それだけで、窓からの景色も違うし、混み具合も違えば、乗客の顔つきまで違います。

毎日毎日、同じことのくり返しの中で、少しずつ溜まってきたメンタルのゴミを、ちょっとした工夫で、はらってください。

ほんの少し工夫をすれば、非日常体験は簡単にできますよ。

ポイント
「寄り道」「道草」が得意ならそれが活きる

きっかけ7

ときには不真面目もアリ

真面目（まじめ）な人ほど、「不真面目に」などと聞くと、「コイツ、何を言い出すのか」と思うかもしれませんね。

そう思う方は、たぶん、まわりからの信頼も厚いことでしょう。

でも、その真面目さが、メンタルをつらくさせる原因のひとつになっているかもしれません。なにも私は、「これから死ぬまで不真面目になりましょう」と言っているわけではありません。「ときには」ってちゃんとついていますよね。

この「ときには不真面目になってみる」という習慣は、とくに、「毎日、毎週、毎月の予定が明確に決まっていないと不安」という人におすすめです。

いつも「予定に支配されている」心を休ませるためには、そうですね、たとえば、その日に入っていた重要な会議がなくなったり、アポイントが流れたりした日に、思い切って、突然、会社を休んでしまうことです。

あるいは、外回りという体にして、ぶらりと外出してみる。

行き先を決めずに、「ふらっと北に向かう」つもりで、電車に乗ってもいい。

なぜ、そんなことをするのがいいかというと、**「心に、何も準備させない時間を与える」ことが大切**だからです。

「ハプニング」は楽しむためにある

毎日毎日、決められたスケジュールをこなしている人にとっては、この「心に何も準備させない時間」というのは、最初は不安だと思います。

どうしても、計画どおりが大切だという思いが消えなかったら、「今日は、計画がないという計画の日」と考えて、無理やり自分を納得させてください。

心を休ませるには、無意識のまま過ごす時間が必要なんです。

心をフラットにするというか、心をゆるめる時間をもつことが、心を強くすることにつながります。筋肉だって、強くしようと思ったら、鍛(きた)えてばかりではなく、適度に休息を入れますよね。

計画なしで外出したら、出かけた先で、何が起きるかというワクワク感を楽しんでください。気分は、テレビのぶらぶら散歩番組です。

人生は日々、選択の連続。「今の選択が、その後の人生を決める」とお伝えしましたよね。そんな選択だらけの毎日に、運命をそのまま受け入れる日をつくってみるのです。

たまにはそんな日を経験して、**いろいろなハプニングも楽しめるよう**になれば、仕事や人間関係で想定外のことが起きたとしても、あわてず騒がず柔軟(じゅうなん)に対応できるようになります。

ポイント

「1ミリも頑張らない日」があったほうがいい

きっかけ8

「うまくいっていること」に気づく

誰だって「豊か」になりたいですよね。心も身体も、もちろん経済的にも！

今、思い浮かぶ「豊かな人」ってどんな人ですか？

もしかしたら、その「豊かさ」は、他人と比較して、「豊かかどうか」を判断していませんか？

たとえば、経済的な豊かさ。

年収1億円とか、経済的には豊かな人が、必ずしも心まで豊かとは限りません。

もちろん、経済的な安心からくる心のゆとりはあるかもしれません。しかし、
そこそこの年収であっても、たまの休みに少し贅沢(ぜいたく)したり、自分へのご褒美で英

気を養（やしな）ったり……そういう生活のほうが、心豊かだということもあると思いませんか。

それに、心が豊かなら、経済的な豊かさはあとからついてくるでしょう。

「豊かさ」を他人と比べないでください。

そもそも、本当に豊かな人って、他人や物事を、受け入れる度量が大きい人なのではないでしょうか。

自分で、「自分が豊かであること」を認識して生きていくと、自分で豊かさを生み出すことができるので、他人に何かを期待しなくてすみます。他人に期待するどころか、他人をいたわり、人の役に立とうという発想になる。

自分のまわりに起きる現象は、その人の「豊かさ」の基準で変わります。

ポイント

「人と比べてみるクセ」は禁止！

きっかけ9

「いいイメージ」を先取り

ビジネスの世界だけでなく、教育、医療、料理、芸術、スポーツと、ジャンルを問わず、メンタルの強い人は、ほとんど例外なく、「イメージの力」を利用しています。

たとえば、メジャーリーグで活躍した松井秀喜(まついひでき)選手。

松井選手は、シーズン前に「ホームランを30本以上打てる」というイメージをつくり上げ、それに合わせたトレーニングを積んで筋肉強化を行ない、それを見事に達成しました。

イチロー選手は、「1試合に4本、5本とヒットを打ち、年間を通して262

本以上打てる」というイメージをつくり上げ、それに合わせたトレーニングをして、年間ヒット数の新記録をうち立てることができました。

大谷翔平（しょうへい）選手が、高校生のときから、メジャーリーグで活躍する自分をイメージしていた話は有名ですよね。

メンタルを強くするためには、目標を達成できた自分をイメージし、それに見合った振る舞いをすること。そうすれば、そのためのアイデアも生まれてきます。

ただし、注意点が2つ。

ひとつは、イメージするときは、そのイメージにたどり着くための適切な目標をつくること。

もうひとつは、イメージするだけでなく、それに向けて行動すること。

いくらイメージしても、家でじっとしていたら何も変わりません。

ポイント
大谷・松井・イチロー方式で

きっかけ10

「受け入れ上手」になってみる

ちょっと抽象的な質問ですが、これまでの人生で、自分に起こる出来事に対して、「いい、悪い」で判断していませんでしたか?

あるいは、「自分のためになるか、ならないか」で、「やるか、やらないか」を決めてはいなかったでしょうか。

もし、そうだとしたら、これからはぜひ、**「自分に起こる出来事は、自分にとってプラスになることしか起こらない」「すべては、自分に必要なものである」**と考えてみてほしいのです。

あえていうと、「そう考えて生きる」ということ。

なぜなら、ある出来事が自分の将来にとって役立つかどうかなんて、神様にしかわからないからです。

たとえば、あのスティーブ・ジョブズは、学生の頃、「カリグラフィー」(文字を美しく見せるための手法)について学びました。学んでいるときは、まさか将来、その知識が、美しいフォント(コンピュータ用の書体)を開発する上で役立つとは思いもよらなかったと語っています。

「こんなの自分には関係ない」って思わないで、貪欲(どんよく)に、そしてフランクに、いったん受け入れてみる。やってみて、「やっぱり関係ない」と思えばやめればいいし、「これは乗り越えるべき壁だ」と思ったら挑んでいけばいい。

受け入れてやってみて、はじめて、「人生には、乗り越えられない出来事は起こらない」っていう考えにつながっていくのではないでしょうか。

ポイント

「すぐには役立たない経験」だって大事な経験

きっかけ11

「過信」しそうになったら

「メンタルを強くする」ということと、「自信満々で自分を過大評価する」ことは違います。

いや、**「自信」をもつのはいいんです。でも、自分を「過信」してはいけません。**

たとえば、こんなふうに思ったこと、ありませんか？

「自分は、本当はもっとランクが上の大学、もっといい会社に行けたはず」
「自分の力を発揮できる組織に配属されていれば、もっと活躍できるのに」
「自分の力を引き出してくれる上司がいれば、もっと実力を発揮できるのに」

「扱っているのが、もっといい商品ならたくさん売れるのに」
「あの人よりも自分のほうが、実力があるし、会社の役に立っているのに、どうして、あの人だけが昇進するんだろう」

全部、「自分は、自分は」ですね。「相手から見た客観的な自分」や「相手からの評価」、「相手が望むこと」などにはまったく思いが至っていません。

キツい言葉でいえば、「ただの甘ちゃん」です。

面白いもので、人間というものは、思いどおりにいかないときほど、ついつい、自分を過大評価して、間違った自己評価をしてしまい、できなかった理由を他人のせいにしてしまう習性があります。そういう発想では、因果の「因」を検証しようとも思わないので成長もできません。

自分を過大評価して失敗を他人のせいにしていると、本当の意味でメンタルを強くすることはできませんので、要注意です。

ポイント
「もっと」の使い方に気をつける

きっかけ12

「過小評価」しないために

前の項とは逆に、自分のことを「過小評価」してしまう人もいます。

いや、「謙虚（けんきょ）」なのはいいんです。でも、自分を「過小評価」するのはいただけません。

たとえば、上司から「こんなプロジェクトに参加してみないか」とか、「〇〇のリーダーになってもらえないか」などと打診されたとき、こんなふうに言ってしまった経験はありませんか？

「私には無理ですから……」

「私は、今のままで十分ですから……」

「自信がありませんから……」

「私には向いてないみたいですから……」

こういう言葉が、謙遜ではなく、本音で出てしまうようなら、自己評価が低過ぎます。

自分には難しいと思えても、上司から**そういう声がかかるということは、客観的に見たら、それをやるだけの力がある**ということです。

ここは、自分を過小評価せず、自信をもってチャレンジすべきとき。

もし、チャレンジして壁を乗り越えれば、それこそ、メンタルを強くすることにつながります。

「失敗したらどうしよう」なんて考えることはありません。

失敗したって命までは取られないし、失敗の因果の「因」を検証（72ページ）して、次のチャレンジに活かせばいいではありませんか！

考えてもみてください。自分が上司だとして、部下が「自信がないんです」って尻込みしていたら、どう思います？「大丈夫、君ならできる」って奮い立たせると思いませんか。

声がかかった時点で、正真正銘の「やればできる人」。ドーンといきましょう。

そうそう。やり始めてからも、自分への過小評価で、すぐに「やっぱり、自分には無理だった」って思ってしまう人もいます。

そういう人にはこう言いたい。

「過小評価でウジウジしているヒマがあったら、因果の『因』を徹底検証しなさい！」

つまり、「自分はやっぱりモテない」ってあきらめる前に、「自分の服装」「しゃべり方」「雰囲気」「清潔感」など、そういうものを再チェックするということですね。

ポイント

「ほめ言葉」「お世辞」は120％真に受ける

きっかけ13

余計なことが頭の中を駆け巡ったら

昔、中国に「いつか空が落ちてくるのではないか」ってずっと心配している男性がいました。

人から、「そんなことは絶対にない」と言われると、今度は「地が崩（くず）れるのではないか」と心配します。

「それも絶対にない」と言われて、やっと安心する……という故事（こじ）があります。

これが、「杞憂（きゆう）」（心配しないでいいことを心配する、取り越し苦労のこと）という言葉の由来だそうです。

これは故事ですが、現代でも、この心配性の男性のような人がいます。

たとえば、屋外でのイベントを主催していて、その日に雨が降らないかをずっと心配してしまう人。

天候の心配は「ムダな心配」の代表選手。だって、いくら心配したって天気は変えようがないのですから。

やるべきは、心配することではなくて、「もし、雨が降ったらどうするか」を考えて備えることのはず。

メンタルを強くしたいのであれば、**「自分ではどうにもならないことは心配しない」を習慣にすることが肝心です。**

あっ、「心配しないこと」と「楽観主義」は違いますよ。

「自分が主催するイベントの日に雨が降るわけない」って考えるのが楽観主義。

いっぽう、「心配しない」というのは、「雨が降ったらどうしよう」なんてまったく考えず、淡々（たんたん）と雨に備えておくこと。楽観主義とはまるで違う考え方です。

そもそも、人が心配することなんて、ほとんど現実には起こりません。

ほかには、「悲観主義の人のどうでもいい意見」や、「どうにもできない健康上の問題」なども心配すべきことの対象外。

実際に心配すべきことなんて、心配事全体の数%程度なのではないでしょうか。

それ以外の、心配したってどうにもならないことは、もう、運を天に任せて開き直るしかありません。

超一流のアスリートたちだって、4年に一度の大イベントが開催されるかどうかは、自分の力ではどうしようもない。心配しても仕方がないから、開き直って、開催されたときのために練習を続けるしかなかった。

これぞ、強い気持ちのお手本のような気がします。

ポイント
「心配事」は結局起こらない

きっかけ14

「限られた時間」に対して

毎日どれくらいの時間をかけて通勤していますか？

あっ、今、「はいはい、通勤時間を利用するっていう話ですね。とっくに知ってます」って、そう思いましたね。

でも、あえて聞きます。「その通勤時間の利用を、本気で考えたことはありますか？」「知っているだけで、利用していないのではありませんか？」。

月に約20日、片道1時間かけて通勤している人なら、月間40時間、年間ではなんと480時間！

480時間といえば、丸々20日分の時間です！

これだけの時間を利用するか？　ムダにするか？　本気で考えてみてください。

この、「移動時間の有効利用」は、今までに私が出会った、数多くのメンタルが強い人たちに共通する習慣のひとつです。

彼らは、通勤や移動中の車や電車の中で、たとえば、メンターの言葉が入った音声を聴くなどして学んでいるのです。

いわば、電車を「移動教室」として、自分への投資の時間として利用しているのですね。

疲れ切ってイライラしたり、窓の外を眺め、とりとめもない空想にふけったり、「やった！　座れた！」と思って寝不足を解消したり……。それはもったいない！

メンタルを強くするために、そろそろ、この貴重な時間を活用してみませんか。

通勤時間を有効活用するために大切なのは、前日の晩です。

朝の移動教室の時間割は前日の晩に考えて、寝る前に用意しておくとスムーズです。

なんなら、「通勤時間に聴く音声を毎晩用意する」というのを「毎日やること」に決めてもいいですね。

ビジネス関連のベストセラー、時間管理、創造性、ポジティブ思考に関するノウハウ……など、最高のモチベーションを与えてくれるプログラムは、今はいろいろな形で手に入ります。

なんて便利な世の中なんでしょうか。利用しない手はないですね。

最高の学びの時間に向けて、「明日の朝はこれを聴こう」って、前の晩に考える時間は至福のひとときになります。

さあ、明日からさっそくやってみませんか？

ポイント 便利グッズ、役立つアプリをどんどん試す

きっかけ15

思うような睡眠が取れないとき

「私は、十分な睡眠時間を取らないと、最高のパフォーマンスが発揮できないので、最低でも9時間は眠るようにしています！」

そう言って胸を張る人がときどきいます。

言いたいことはよくわかります。

早寝早起きの規則正しい生活を送ったほうが、脳にいいこともたしかでしょう。

でも、ここで少し考えてみてください。

本当に最低でも9時間の睡眠が必要なのでしょうか？

ひょっとして、必要以上に寝過ぎているということはありませんか？

何かに本気でチャレンジしようというのであれば、いうまでもなく、「タイムイズマネー」です。

これは私見ですが、なかなかうまくいかない人によく見られる共通点に、「必要以上に寝過ぎている」ということがあるように思います。

そもそも、**脳のために大切なのは、「睡眠の長さ」ではなく、「睡眠の質」**です。浅い眠りで長く横になっているより、たとえ短時間でも、深い眠りで脳を休めることこそ重要。量より質ですね。

運動系のクラブ活動の経験者ならよくわかると思います。朝練に始まり、暗くなるまで練習して、倒れるようにベッドに入って泥のように熟睡しませんでしたか？　その眠りの深いことといったら……。

仕事も一緒です。昼間、やる気をもって集中してバリバリ働いている人は、たとえ短い時間でも眠りが深いもの。実際、仕事のワクワクがとまらないようなときは、「睡眠で時間をムダにしたくない」と思っていることだってあるでしょう。

一方、仕事や人間関係がうまくいかず、イライラしているときは、帰宅しても何もする気にならず早々に寝てしまう。でも、眠りが浅く、長い時間ベッドに入っていても、翌朝、疲れが残っていて起きるのがつらい。そういう精神状態のときに限って、休みの前日は遅くまで飲んで、せっかくの休日に夕方まで寝ていたりして……。10時間以上も寝ているのに、疲れは取れず身体もだるい。そんな経験ありませんか？

睡眠で大切なのは、心身をどれだけ回復させるかということです。長さは関係ありません。ですから、ぜひ一度、「はたして自分は、自分に合った眠り方をしているだろうか？」って、真剣に考えておきたいのです。

なにも眠る時間を惜しめといっているのではありません。最適な睡眠時間は人によりますから、検証した結果、「やっぱり、自分は最低でも9時間は眠らないとパフォーマンスが落ちる」というのなら、それはそれでオーケー。要は、ムダに眠っていませんか？　ということです。

ポイント

「心身の回復度」にだけ目を向ける

きっかけ16

「黄金の時間」を活かす

さあ、睡眠時間の次は、「早起き」の習慣について。

耳にタコかもしれませんが、実はこの**「早起き」という習慣――数々の習慣の中でも、人生にとって、もっとも有効で重要な習慣**だといっても過言ではないくらいです。

一日の始まりというもっとも貴重な時間を手にし、その時間を自分なりに工夫した時間にすれば、その日は素晴らしい一日になるはず。早起きして朝の時間を制することができたら、「もう、今日は勝ったのも同然！」って思ってかまいません。さあ、目覚めたらまず上半身を起こすのが、温かいフトンとの戦いに勝利するコツです。

「せっかく早起きしたのだから、誰よりも早く会社に出勤しましょう」なんて野暮なことは言いません。

早起きして、自分で勝ち取った貴重な時間です。どうか、好きに使ってください。私がいろいろ言わなくても、せっかく勝ち取った貴重な時間をムダに過ごす人は、この本の読者にはいないでしょう。

提案としては、「今までできなかったことをやる」のはいかがですか。

散歩やジョギング、クラシック音楽を聴く、読書、趣味や資格を取るための勉強、手紙を書く、手の込んだ料理をする……なんていかがでしょう。心身がリラックスしたり、心が沸き立ったりすることならなんでもいいと思います。

たとえば、筆文字アーティストとして知られる吉川真実さんは、朝の時間を有効活用するために、「午前3時の手帳会」というオンラインのコミュニティを開催しています。

吉川さんも3人の子育て中ですが、参加者は、そんな子育て中のママが中心で、多いときは100人が参加するのだとか。私も参加したことがありますが、みなさん、私がびっくりするくらい朝からイキイキとされています。この習慣は、家庭の中を明るくし、有意義な一日をスタートさせているに違いありません。

まずは、うまくいっている人が大切にする「朝の時間」を手に入れてください。

脳をムダに刺激しない

「朝の時間の大切さはわかったけれど、早起きが続かない……」

はい、わかります。私もガソリンスタンドで早朝のトイレ掃除をスタートした当初は早起きとの戦いでした。

問題があるときはどうするのがいいのでしたっけ?

そう、因果の「因」に注目でしたね。

早起きの因果の「因」は……。はい、「就寝時間」ですね。

ここはひとつ、就寝時間をきっちり決める習慣をつけてみませんか。

先ほどもいったように、睡眠は「量より質」。9時間の浅い睡眠よりも、5時間の熟睡です。まずは、「毎晩0時に寝て5時に起きる」のを習慣にしてみてはいかがでしょう？　別にこの時間でなくてもかまいませんが、大切なのは、毎晩決まった時間に就寝すること。そして、早朝の時間を手に入れること。

メンタルを強くするための出発地点と思えばできるはずです。

今まで、8時起きだった人が5時起きになれば、1日3時間のおトクです。1週間で21時間、1年間で1095時間ですよ。それだけの時間を有効に使えたら、自分の人生がどう変わるか、考えるだけでワクワクドキドキしませんか。

最後に、深い眠りを手にするためのヒントを2つ。

○寝る前にニュースを見ないこと
○ベッドの中で本を読まないこと

脳をムダに刺激しないこの2つを意識するだけでも眠りの質が変わります。

ポイント
新しく生まれた時間には「新しいこと」を

きっかけ17

朝一番で「心のエンジン」に点火する

ここで、「人生を成功に導く15分のプラチナ時間」という話です。

実は、一日の中で、もっとも大切にしてほしい「15分のプラチナ時間」というものがあるのです。

さあ、一日の中のどこだかわかりますか？


ズバリ、それは、**朝、目が覚めてからの15分間**なんです。

この15分を、一日の中でもっとも大切にしてほしい。

意識するしないにかかわらず、この「15分のプラチナ時間」をどう過ごすかが、そのあとに続く1分1秒の質にきわめて大きな影響を与えます。

具体的に、プラチナ時間をどう過ごせばいいかといえば、ベッドの中で覚醒した瞬間に、今日一日にやるべきことを思い出すもよし、目覚ましと同時に始まるように仕掛けておいたお気に入りの曲を聴いてテンションを上げるもよし、壁に貼った「毎日やること」を復唱するもよし、大好きな偉人の名言を唱えるもよし……。

イメージできますか？　単純なことでいいので、朝一番に「己の心にエンジンをかける」のです。

早朝の貴重な時間でモチベーションを高めることができれば、そのあとに続く時間も奮い立つことができます。毎朝、これを意識して続けるだけで、毎日が激変することをお約束します。

ポイント

「モチベーションが上がること」を準備しておく

きっかけ18

自分の価値を認識する

たとえば、平日は9時から18時まで会社で働いている方。

お昼に1時間休憩するとしても、仕事をしている時間は8時間。

大切な「1日の3分の1」という時間を仕事に費やしています。

残業の多い方なら、もっと高い比率になりますよね。

そんなにも膨大（ぼうだい）な時間を費やしているにもかかわらず、「なんとか暮らしていけるだけのお金がもらえれば、やりがいなんてなくても我慢してやります」と、そんなスタンスでは、もったいないと思いませんか。

もちろん、仕事以外でやりがいや、生きがいを見つけている人もたくさんいるでしょう。

でも、私は、人生の中で多くの時間を費やしている「仕事」というものを通じて、満足、やりがい、成長、喜び、存在感などの「生きているという実感」を味わってこそ、自信がつき、気持ちを強くすることができるのではないかと思っているのです。

人間というのは、気持ちを強くもっていないと、**どうしてもぶれる**ことがあります。

ふだんは普通に過ごしている人でも、ときとして、「自分の仕事って、これでいいのかなぁ」とか、「こんなことをしていて、将来、大丈夫なのかなぁ」なんて考えることがあるもの。

ですから、ぜひ、自分の仕事の中に潜(ひそ)んでいる、たくさんの高い価値を見つけることを習慣にしてほしいのです。

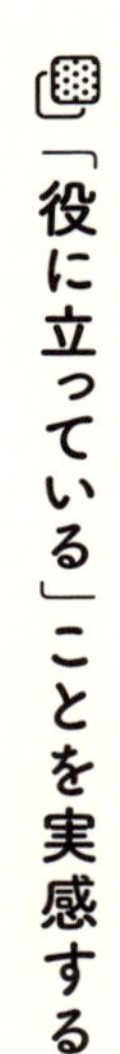

「役に立っている」ことを実感する

どうやって習慣にするかというと、創造性を発揮できる質問を、自分で自分にすればいい。自分で、自分の仕事について質問をすることで、自分の仕事がまわりに与えている価値や影響を意識することにつながります。

具体的な質問とは、たとえば、

「自分が勤めている会社が世の中に提供しているサービスは、最終的には誰の役に立っているのだろう?」
「私の毎日の仕事は、まわりの人にどんな影響を与えているのだろう?」
「私の毎日の頑張りを、誰が喜んでくれるのだろう?」

こんな感じの質問を、定期的に自問自答するのです。

今、自分が携わっている仕事と、触れ合うさまざまな人の人生が、実は結びついていることに気づけると思います。

会社員でも、学校の先生でも、保険会社の営業でも、訪問販売員でも、必ず誰かの役に立っているし、誰かの人生に影響を与えているはずです。

なぜって、世の中には、誰の役にも立っていない仕事なんてないのですから！

それに気づくことができれば、仕事に対する気持ちのぶれも修正できるし、仕事のやる気も湧いてくると思うのです。

自分の仕事の価値と、自分自身のまわりへの貢献に、心を集中する時間をもつことを習慣にしてみてください。たぶん、心からの満足とモチベーションのレベルが大きく向上するはずです。

「他人の人生にかかわり、向上させることができる」ということほど、精神を高揚させるものはないと思うのですがいかがでしょう。

ポイント

「3つの質問」を自分に投げかける

きっかけ19

「無防備な自分の顔」を知る

ある日の朝。通勤電車で窓ガラスに映る自分の顔が目に入って、「あわわっ、なんて暗い表情をしているんだ」って、愕然(がくぜん)としたことはありませんか?

それはまあ、満員電車でニコニコしろとはいいませんが、地球最後の日のような表情でいるのもいただけません。だってたぶん、その顔のままで人と出会ってしまっているのですから……。

人は誰もが、無意識でいるときに、自分がどんな表情をしているか、知らないものです。もし、そんな無意識な自分が、いつも不機嫌な顔をしていれば、どうなるでしょう? 心は暗くなるし、まわりの印象も悪くなると思いませんか。

逆にいつも微笑み（ほほえ）を浮かべていれば、心が安定して、周囲の評価も高まるものです。

無意識のときの表情を明るく変えるには、**ときどきは、自分の表情を意識する**ことが必要です。ぜひ、鏡を覗いて、自分の表情をチェックするようにしてください。**毎朝30秒、表情筋のトレーニングをする**だけでも有効です。

表情筋のトレーニングは、まず口を思いっ切り横に広げて「いーー」って発声して、次に唇が前歯のところに全部集まってしまうように思いっ切り「うーー」って発声します。これを毎朝やると、表情筋が鍛えられて、笑顔に磨きがかかります。

暗いイメージが湧いてきたときこそ、無理にでも口角（こうかく）を上げて笑顔をつくってくださいね。笑顔をつくると、それにつられて心もほぐれてきます。

ポイント

鏡がいいことを教えてくれる

きっかけ20

不安と折り合いをつける儀式

オーバーにいえば、人生は日々、戦いの連続です。

仕事をしていても、プライベートでも、さまざまな困難が次々にやってきて、心配事が尽きることはありません。

苦手な人と会わなければならないだけでも、「会話が続くだろうか」「なにかヘンに思われないだろうか」「突然、怒鳴(どな)られないだろうか」って不安だらけ。

「弱気になるな」とか、「自分に自信をもて」とか、「営業は断わられてからが勝負だ」とか、いろいろとアドバイスされても、「それができれば苦労しません」と言い返したくなりますよね。

不安や恐れを追い払うのが難しいなら、いっそのこと、折り合いをつけて、小脇に抱えて、ともに過ごしてはいかがでしょうか。

そのための儀式を教えましょう。やり方は簡単です。

① 両足を肩幅に開いて立つ

② 左腕で何かを抱えるように輪をつくる

③ 「不安や恐れを小脇に抱えて一歩前へ」と声に出し、同時に右足を前に出す

行なうのは、鏡の前でも、毎朝、玄関を出るときでも、営業先のビルの入り口でもオーケー。

確実に気分が変わるので、だまされたと思ってやってみてください。

実際、私のコンサルティングを受けていただいた企業の営業部では、毎朝、営業部員全員でこの儀式をやってから外出するようにしたところ、販売員の意識が前向きに変わったと評価をいただいています。

ポイント

たとえば、右足を「一歩前」に出してみる

きっかけ21

「バカなカエル」を思い描く

行動を開始したとき、それを続けるためのきっかけをお伝えしてきた3章、最後の項目です。

最後の考え方は、**「バカなカエルになる」**です。

毎日やることを決めて行動すると、たまには立ち止まりたい日もあると思います。

「毎日、誰よりも早く出勤して、トイレを掃除していて、いったい何になるんだ！」って、そんなふうに思えることがあるでしょう。

そんなときは、**柳(やなぎ)の枝に跳び移ろうとして、ひたすらジャンプを続けている力**

エルの姿を思い描いてほしいのです。

傍(はた)で見ている別のカエルから、「いくらジャンプしても届かないのに、なんてバカなカエルなんだ」と言われるかもしれません。

でも。

毎日毎日ジャンプしていたら、枝のほうが下に延びてきて、届くことがあるかもしれません。ある朝、雪が積もって、枝に近づくことがあるかもしれません。

まわりで笑っているだけだったカエルには永遠に届くことがなかった枝に、ジャンプし続けたカエルだけが届くことができるんです。

もし、弱気になったときは、この跳び続けるカエルの姿を思い描いてみてください。あきらめかけた心に、また、ボッと火が点(つ)くかもしれません。

ポイント

ただ跳んでいるうちに、何かが変わってくる

付章

90日たったら、その強さは〈習慣〉になっている

――「いろいろある毎日」へのひと言メッセージ

このチャレンジで「揺るぎない自信」を手に入れる

「メンタルを強くする」とは、自信をもって物事に立ち向かえるようになること。

それには、何かに取り組み、それを続けて新しい習慣にしてしまうことで「自分にもできる！」という体験をすることが必要だとお伝えしてきました。

・メンタルが強くなるための入口（1章）
・何に取り組めばいいか、そして、それを続けるための「しくみ」づくり（2章）
・続けていく上で直面するハードルや抵抗勢力との向き合い方（3章）

と、こと細かに対策を挙げたつもりです。

2章で私のセミナーに参加された営業職のYさんの例をお話ししました（91ページ）。

「毎日、3人の新規見込み客との出会いをもつ」という目標を掲げて90日後、650人のリストを獲得し、彼女との結婚も彼女のお父様に認めてもらった方です。

ここでいう**「90日後」には、大きな意味があります。**

これまでのトレーナー経験から、どんなことでも90日続けることができれば、それは習慣となり、心に定着するのです。

「えっ？　90日もかかるの？」と思いましたか？

それはそうです。

考えてもみてください。これまでの人生で長年かけて身についてしまった習慣を変えようというのです。

それくらいかかっても仕方ないではありませんか？

その代わり、自分で決めた新しい取り組みを90日続けた際には、新たな習慣と自信、そしてメンタルの強さが手に入っているのです。

その習慣になる目安が90日。

まさに、**「90日チャレンジ」**です。

しかし、その90日間には、さまざま心が揺らぐ出来事が起こります。

そこで、私は毎日、受講者の方へ、励ましやカウンセリングのメールを送りながら一緒に戦っていくのです。

最後に、そんなカウンセリングが、実際にどんなふうに行なわれているのか、公開してしまいましょう。

多くの方が突き当たる場面へのメッセージを用意しました。

「90日チャレンジ」のお供(とも)にしてください。

そのチャレンジを完了したとき、もうメンタルの弱い自分の姿はそこにはありません。

あなたの残された人生で、
今日が一番若い日。
あなたの残された人生で、
今日がスタートの日。

これは、すべての人に平等な事実です。

FOR YOU 1

さあ、今日からスタート！
身近な人に、「今日から90日間○○します」と宣言します。
「もしできなかったらカッコ悪い」なんて考えなくてもいいですよ。
続かなかったらやり直したらいい。
とにかく宣言して一歩を踏み出すことが大切です。
自分で決めたことに、自分でチャレンジです。
自分と、自分の大切な人の未来のために！

FOR YOU 2

2日目。まさか、いきなり忘れてはいないでしょうね。
反復による習慣づくりの旅は、始まったばかり。
ウダウダ考えず、まずは流れに乗ること。
それが楽しく続ける秘訣です！

FOR YOU 3

えっ？　早くもやってきましたか、ハードルや抵抗勢力の「お試し君」が！
それは、今までとは違い、自分がこれから「やる」と決めた証です。
「お試し君」来襲。
よかった、よかった。

FOR YOU 4

三日坊主は乗り切りましたか？
それとも撃沈してしまいましたか？
乗り切った人へ。その調子で前を向いて進んでください。
撃沈した人へ。大切なのは、明日、再開するかどうかです。
三日坊主も30回くり返せば90日でしたよね。
明日どうするかが勝負の分かれ目です。

FOR YOU 5

5日目まで続いた人へ、まずはおめでとう。
「まだ、たった5日目だから」ですって？
いやいや、5日続けば大したものです。

FOR YOU 6

そろそろ、いろいろと「やめる言い訳」が出てきましたか？
ここは「言い訳リスト」（74ページ）の出番です。
考えておいた対処法で、言い訳をひとつずつ減らしてくださいね。
ここで大切なのは、「言い訳」を意識することです。
意識するだけで、「言い訳」を減らす習慣は自然と身についていきますよ。

FOR YOU 7

1週間の達成おめでとう！
大丈夫ですか？
勝手な解釈で、毎日することの内容が、ぶれてきていませんか？
自分がなぜ、ひとつのことにチャレンジしようと思ったか思い出してください ね！

FOR YOU 8

自分が「変わるぞ」って決めた瞬間から、もうひとりの自分は、その決意をあきらめさせようとして、虎視眈々(こしたんたん)と狙っています。
慣れからくる「気のゆるみ」に注意です。

FOR YOU 9

イメージしてください。今は、自分の心の中にある土地で、良質の土壌(どじょう)づくりをして、種まきに専念している時期。
豊かな実りは、いい土壌があってこそですよ。

FOR YOU 10

自分を信じていますか?
よき人生は、まず、「自己信頼」から始まります。
まずは、自分の未来を信じることが大切です。

FOR YOU 11

そろそろダレてきて、「1日ぐらいいいか」なんて思い始めていませんか?
そんなときは、ゴール後の自分を思い浮かべてみる。
それだけで、気持ちは引きしまってきます。

FOR YOU 12

そろそろ、迷いが出てきていませんか？

「こんなこと、毎日やっていて、何が変わるのかなあ」

「毎日毎日……無意味じゃないの？」

そんな思いが、頭の中で、ぐるぐる回っていませんか？

自分が決めたことを、やるか？　やらないか？　ただそれだけです。

迷ったときは、「バカなカエルになる」（172ページ）でしたね。

FOR YOU 13

今までは、やると決めたことに都合のいい解釈をつけて、途中で放り投げたことがあったでしょう。

さあ、今回はどうしますか？

また、何かのせいにしておきますか？

自分の運命を切り開けるかどうかは、自分しだいです。

FOR YOU 14

今、毎日やっていることは、「夢」をつかむために、「習慣化のパターン」をつくるチャレンジだということ、覚えていますか。

習慣化が「できる！」を生み、それが自信につながり、メンタルが強くなります。

自分のまわりに起こっていることは、すべて自分が「源」でしたよね。

お忘れなく！

FOR YOU 15

私は、チャレンジした結果、撃沈したり、傷ついたり、「ヘンなヤツ」と他人から思われても、後悔したことはありません。

でも、逆に、じっとしていて気づけば沈黙していたことを、後悔したことはあります。

やらないで後悔するより、やってスッキリしませんか？

FOR YOU 16

いい子にならなくてもいいんです。
腹に、胸にあるものは吐き出したらいい。
お酒に慣れていないときに、たくさん飲むと吐いてしまいます。
そんなことをくり返しながら、お酒とのいい関係ができてきますよね。
一緒です。どんどん吐き出していいのです。

FOR YOU 17

今日はどんな目覚めでしたか？
「チェッ、また朝かよ」ですか？
「よぉーし、また新しい一日の始まりだ」ですか？
いずれにしても、一日は一日です。
どっちの自分でスタートするかは、自分しだいです。

FOR YOU 18

過去を振り返る必要も、未来を不安がる必要もありません。
事実はひとつだけ、「自分の身体と心は、今、ここにある」ということ。
今を大切に、自信と誇りをもって自分のシナリオを描いてください。
自分の人生の演出家は自分。
自分の人生の主人公も自分です！

FOR YOU 19

90日後の自分のイメージを忘れていませんか？
自分の未来は、自分の想像どおりになります。
苦しい未来を想像して生きるより、楽しい未来を想像して生きることが大切。
今日一日も楽しみましょう。
今日もあなたは、オンリーワンな存在なのですから。

FOR YOU 20

「負け組はイヤだ」「勝ち組になるんだ」などとよく耳にします。
でも、「負け組」「勝ち組」なんて、自分の気持ちしだいです。
自分の置かれた立場を他人と比べて、勝手にイライラしていませんか？
人生を他人と比べることに何の意味もありません。
今の自分の中にある、幸せだと感じる部分にしっかり目を向けることが大切です！

FOR YOU 21

そろそろ3分の1くらいが経過しましたか？
約1か月をやり切った自分に拍手してください！
さあ、残り3分の2です！
もうひとりの自分と向き合い、自分にウソをつかない誠実さを忘れないでください！

FOR YOU 22

今まであなたの人生で、「やろうと思ってやり始めたけど、途中で挫折したこと」が何度かあったことと思います。

このチャレンジは、それと同じことをくり返すためにやっているのではありません。その、「途中で投げ出す習慣」を変えて、新たに「やり切ること」を習慣化するためにチャレンジしているんです。

まだまだ先は長いかもしれませんが、創意と工夫で90日を乗り越えてくださいね。

FOR YOU 23

ここで、この90日チャレンジの合言葉です。

合言葉は、「大丈夫、きっとすべてうまくいく！」

続かなくなりそうなときは、「バカなカエル」（172ページ）とこの合言葉を思い出して！

FOR YOU 24

そろそろ、「自分で毎日やると決めたこと」が、無意識にできるようになってきていませんか？
それが、行動が潜在意識に入り込み、「習慣化」されてきた証拠ですよ。

FOR YOU 25

なにを、「気分がのらない」って、グズグズしているんですか！
なにを、「時間が、時間が……」ってアタフタしているんですか！
他人はごまかせても、自分はごまかせません。
それがただの言い訳だって、自分も、もうひとりの自分も知っているはず。
今、ここに集中です！
合言葉は、「大丈夫、きっとすべてうまくいく！」でしたね。

FOR YOU 26

憧（あこが）れる「カッコいい人」って、どんな人ですか？

今、まわりの上司、先輩、リーダーに、そういう人はいますか？

自分が思う、「カッコいい人」に、自分だってなれます。

身のまわりの「カッコいい人」を目指せば、強い気持ちも自然と湧いてきます。

FOR YOU 27

「頑張っている人に、頑張れと言ってはいけない」っていいます。

伸び切ったゴムは切れやすい。「頑張り過ぎ」はよくありません。

でも、人生には、「頑張るべきとき」があるのも事実。

多少無理しても、「頑張りどき」に踏ん張ると、人間的な成長も手に入り、メンタルが強くなります。頑張らない人は、成長することもありません。

今がその「頑張りどき」！

自分を励まし、自分と相談しながら頑張って！

FOR YOU 28

「お試し君」(38ページ)にやられていませんか?
えっ?「たくさんの『お試し君』が来ている」ですって?
それは、自分が真剣に取り組んでいる証拠でしたよね。
どんどん受け入れてください。
その分、必ずいいことが返ってきます。
今は、自分が成長するために必要なことしか起きません。
ですから、苦手な人にも、厳しい仕事にも、イヤな出来事にも感謝!
言い訳もしっかり受け入れて、その上で撃退!
「言い訳リスト」(79ページ)を活用していますか?

FOR YOU 29

うまくいかないとき、失敗したときは、豊かでポジティブな好奇心をもって、「もっと効果的に、うまくやれる方法を自分は知っているはず」って考えること。

人に与えるのは自分自身が豊かになるため。

人とかかわって、人の言うことに耳を傾け、そして、もっている豊かなアイデアを、人と分かち合っていきませんか？

FOR YOU 30

さあ、そろそろ折り返し地点くらいです。

不必要な過去の習慣から、新しい習慣へと変わりつつありますか？

順調なら、毎日やることをつけ加えてもいいですよ。

仕事のことでも、プライベートのことでもオーケー。

もう、「決めたらできる」を体感できているから心配いりません。

FOR YOU 31

「豊かでポジティブな意識」の一番の要素は、「自分を大切に思う心」です。
自分にはできると信じて、行動する。
自分が自分を信じないで、誰が信じるんですか！
そして、高きに目標を置いて、課題をひとつひとつクリアしていく。
要は、「勝ちグセ」をつけるのです。
使命感と真心をもって、正面からチャレンジ！
それが、「努力」というものです。

FOR YOU 32

目の前に日々起こる出来事は、実はすべてプラスでもマイナスでもなくて、ゼロです。
なぜなら、いいか悪いかを判断して色をつけるのは、いつも自分だから。
プラスだと思えば、全部、プラスの出来事になりますよ！

FOR YOU 33

決めたことを毎日実行しているのに、なかなかうまくいかないと、そろそろ焦(あせ)りが出てくるかもしれません。

まず、考え抜いて決めたことへ、自信をもってください。

焦ることはありません。

「ただやり切る」という、当たり前のことを徹底してやれば本物になります。

成功するコツは、コツコツやり続けることです！

FOR YOU 34

よく、「生計を立てるため」とか「生きるため」に働くという人がいます。

もし、そう思うなら、働く理由を、「喜びを手に入れるため」「心を満たすため」に変えてみませんか。

それだけでも、目の前が開けて、いい循環が起き始めると思います。

FOR YOU 35

そろそろ3分の2が終了したところ。
残りはたったの3分の1！　この調子でやり切りましょう！

FOR YOU 36

登山でいえば八合目に差しかかる時期。
頑張って続けている自分の、その頑張りを楽しんでください！
合言葉は、「大丈夫、きっとすべてうまくいく！」

FOR YOU 37

人はみんな、心の中に器(うつわ)をもっています。
そして、「欲しいもの」も「夢」も、はじめは自分の器の外にある。
自分の器が大きくなれば、両方ともその中に入れることができます。

FOR YOU 38

思い出してください。

自分自身が、自分の人生の演出家であり、主人公です。

難題が襲ってくるのは、自分が脇役でなく主人公だからです。

「みんなが見たくなるような面白い演出をする」ことが、前向きにチャレンジするコツです。

FOR YOU 39

意志だけがあり過ぎると「これしかないんだ」と、凝り固まって、自分の世界に閉じこもってしまうし、逆に、意志がなくて単なる好奇心だけだと、ただ聞くだけの受身人間になってしまう……。

理想は、「意志があって、自分がつくり上げてきたものをもちながら、新しい出会いや別の世界も受け入れることができる」です。

大切なのは、バランスと、しなやかさですよ！

FOR YOU 40

そろそろゴールが見えてきました。
ここまで続けてみていかがですか？
悪い習慣をいい習慣に改めるって、なんだか楽しくありませんか？
克服(こくふく)すれば、自分に価値があるとわかって自信もつく。
そして、メンタルを強くすることができる！　最高ですよね。

FOR YOU 41

「能力に差はなし、あるのは習慣の差だけ」でしたね。
ついでにいうと、私は「才能」とは「情熱」だと思っています。
自分に欠けているものがあるなら、情熱でカバーしていく！
情熱にお金はかかりません。
やると決める、ただそれだけです！
習慣を変えていくのに、「もう遅い」なんてことはありませんよ。

FOR YOU 42

ふしぎなことに、習慣はまわりに伝染します。

いい習慣も悪い習慣も、まわりに影響を与えます。

自分を変えられない人ほど、他人を批判し、世の中を批判します。

他人や世の中の前に、まず、自分が変わったほうが話が早い。

自分が変わると、それに影響されてまわりも変わり始めます。

FOR YOU 43

いよいよゴールが近い！

ここまできて、どうですか？

もうひとりの自分とのつき合い方がわかったのではありませんか？

もうひとりの自分……「お試し君」（38ページ）とは、よくも悪くも、これから一生つき合っていかなければなりません。

これからも、逃げずに向き合ってくださいね。

FOR YOU 44

長かった90日のチャレンジ。

よくここまで続きましたね。

「自分のまわりに起きる出来事は、自分の成長のために必要だから起こっている」

「乗り越えられない出来事は起こらない」

今なら、両方とも納得できるのではありませんか？

「やると決めたことを続ける体験」は、自分の眠れる能力を呼び起こすのに役立ちます。自分の眠れる能力をどんどん呼び起こしてください。

どんなによくできた水車も、水の流れがないと動かないように、自分の中の眠れる能力に気づいていなければ、活かしようがありません。

なのに、ほとんどの人は、やればできるのに、その能力を呼び起こすことをせず、時間を浪費し、一日を……いや、一生を終わらせてしまっている。

そんなもったいない生き方からの脱出、おめでとう！

FOR YOU 45

「お疲れさま……」
90日目の夜、寝る前に、寝床でギュッと両腕で自分を抱きしめて、自分の耳に聞こえるように声をかけてあげてください。

「よくやった、大好き」
「やり切って、カッコいいよ」
「大丈夫、私はひとりじゃない」

本当にお疲れさまでした。
私からも「おめでとう」の言葉をプレゼントさせてください。
ありがとう。やり切ってくださって、感謝いたします！

〈おわりに〉
人生は何度でも「出直し」できる

今、どんな気持ちですか？

ずっと続けてきたことは、習慣化され、もう「やらないと気持ち悪く」なっているのではないでしょうか。

せっかく習慣になったのです。ぜひ、これからも続けてください。

「はじめに」の中でも少し触れましたが、ここで白状すると、私は、あきらめグセがあって、決めたことが続かず、負けパターンをくり返すタイプの人間でした。

それが、さまざまなセミナーや本から学び、**「人生は、いつからでも、『習慣を変えること』でやり直せる。そこから、自分自身の新たな夢へのチャレンジができる」**という考えにたどり着いたのです。

その思いをひとりでも多くの方にお伝えし、体感していただき、その後の人生のお役に立つことを志として、「シンプルタスク」という会社を設立しました。

この社名は、課題や仕事（タスク）は、決めたことを決めただけ（シンプルに）こなしていく――そうすれば、それが習慣化し、人生を変えていくことができる……と、そんな思いを込めて命名したものです。

「頑張っているけど……やらなきゃいけないのはわかっているけど……自分が変わらなければいけないことも知っているけど……でもなかなかうまくいかない」と、そんなふうに思っている方々のひとりでも多くの「気づき」と「第一歩」のお手伝いができれば……というのが私とスタッフの志です。

ここまで、シンプルな内容を、くり返しお伝えしてしまったかもしれません。

でも、それが大事なんです。くり返しが、すべての始まりなんです。

私は心の底から伝えたい。

「習慣の差が人生に差をつける」のだと。

もう一度くり返します。

能力に差はなし、あるのは習慣の差。
習慣は反復によりつくられる。
反復には才能が必要。
その才能とは情熱のこと。

本書では、心に火を点ける方法、その火を燃やし続ける方法を紹介してきました。

「知っているだけ」の自分は、もう卒業です。
明日からは「行動できる自分」へ！
未来のために、次の新たな一歩を踏み出してください。
本書で紹介させていただいた「やりたいと決めたことを習慣化する方法」が、
「自分を変えたい」と思いながらも、メンタルの弱さからうまくいかなかった方々のお役に立てば、著者として、これほどうれしいことはありません。

最後になりましたが、本書の出版にあたり、友人で作家の石川和男さん、西沢泰生(やすお)さんにはとくにお世話になりました。

最後の最後。この本を読んでくださったあなたに。

人生は、『やり直し』は、できないかもしれない。
しかし
人生は、『出直し』は、できます。

吉井　雅之

本書は、イーハトーヴフロンティアより刊行された『ナニワのメンター流　最強のビジネスマインドを獲得する習慣形成トレーニング』を、文庫収録にあたり加筆・改筆・再編集のうえ、改題したものです。

知らないうちにメンタルが強くなっている！

著者　吉井雅之（よしい・まさし）
発行者　押鐘太陽
発行所　株式会社三笠書房
〒102-0072 東京都千代田区飯田橋3-3-1
電話　03-5226-5734（営業部）03-5226-5731（編集部）
https://www.mikasashobo.co.jp
印刷　誠宏印刷
製本　ナショナル製本

 ISBN978-4-8379-6987-7 C0130

王様文庫

気くばりがうまい人のものの言い方

山﨑武也

「ちょっとした言葉の違い」を人は敏感に感じとる。だから……　◎自分のことは「過小評価」、相手のことは「過大評価」　◎「ためになる話」に「ほっとする話」をブレンドする　◎「なるほど」と「さすが」の大きな役割　◎「ノーコメント」でさえ心の中がわかる

才能も気力もないけど、やりたいことをぜんぶ実現する方法

ゆうきゆう

頑張り過ぎずに、気楽に…夢をかなえる「心の持ち方」。◎「やりたいこと」がみつからないときは↓『とにかく、まずは「二択」』　◎先延ばしグセをなおしたいときは↓『あえて「いい面だけ」を、考える』　◎何かを変えたかったら↓『5%ずつ変えていくのが効率的』……etc.

いちいち反応しない心が手に入る本

内藤誼人

気持ちのざわつきをしずめ、不安、焦り、クヨクヨを上手に手放す習慣とは？　◎「他人の動向」を探りすぎない　◎賢い「割り切り」でムダなストレスを減らす　◎「脳の報酬系」をうまく活性化させる……科学的に裏づけのある「心理学のヒント」で、今すぐ心をスッキリ、軽やかに！

K30569